Georg Ballod

Die „wahre Kirche"?

Ein Plädoyer für offenes Christentum

Beiträge zu Zeitfragen

Herausgegeben von Georg Ballod

Heft 7

Georg Ballod

Die „wahre Kirche"?

Ein Plädoyer für offenes Christentum

BEITRÄGE ZU ZEITFRAGEN

Heft 7

ISBN 978-3-9811112-1-7

Graphik auf S. 37 ausgeführt von
Viktor Schuhmacher, Zweibrücken

Umschlag erstellt beim GTS-Druck,
Kirchheimbolanden

Herstellung: Books on Demand GmbH, Norderstedt

Inhalt

Einführung

Einführung

Der Anlass

Christen stecken mitten in einem Glaubenskrieg. Es geht letztlich um den Sieg der „wahren Kirche“. Die christlichen Pioniere in diesem Kampf verzichten auf Getöse – anders als muslimische „Gotteskrieger“. Wo sind die „Fronten“? Zwei Extreme mit radikalem Anspruch sind:

Auf der einen Seite:

„Nach katholischem Verständnis ist sie (die evangelische Kirche) nicht im vollumfassenden Sinne „Kirche“. Eindeutig bestätigt so der neue Vorsitzende der Deutschen Katholischen Bischofskonferenz, Erzbischof Zollitsch, wie die katholische Kirche sich selbst versteht (61:56). Damit unterstreicht der ranghöchste deutsche Katholik, was Papst Benedikt XVI. unmissverständlich feststellte: „Wahre Kirche“ sei allein die katholische. Schon bei einer Generalaudienz 2006 hatte der *Stellvertreter Christi* auf Erden auch nicht-katholische Christen ermahnt, den Papstprimat anzuerkennen: „Jesus selbst hat Petrus mit der Leitung der Kirche beauftragt. Die Päpste stehen in legitimer Nachfolge dieses Apostels“. Nur Katholiken gehören zur „wahren Kirche“ (20).

Auf der anderen Seite:

Eine weltweite evangelikale Bewegung möchte nicht nur ihre neuen Gebetshäuser füllen, sondern ihre Akteure wollen – teils nach US-amerikanischem Vorbild – die Gesellschaft nachhaltig ändern. Einer der Lobbyisten sagt vom Ziel: *„Und wenn die Gottesdienstbesucher-Zahlen dann nicht mehr vier-, sondern fünfstellig sind, spätestens wird sich dann* *nicht nur die religiöse, sondern auch die politische Landschaft in Deutschland verändert haben" (Wensierski).*

Solche Beobachtungen sind Anlass für den folgenden Essay.

Empfehlung

Wer dies Heft in die Hand nimmt, sollte sofort wissen, worauf er sich damit einlässt. Jemand, der seine „kirchliche Innenstabilität" gefunden hat, sollte sich nicht verunsichern lassen. Was Carl Zuckmayer über die liturgische Erziehung im Katholizismus sagt, gilt beispielhaft auch für andere christliche Milieus. Es geht um den Vorgang der prägenden Gewohnheitsbildung:

> „Das Kind läuft in die Kirche, wie in den Bäckerladen, es ist nichts pietistisch Würdevolles oder Griesgrämiges dabei, hier riecht es nach warmem Brot, dort nach steinkühlem Weihrauch; das Kniebeugen, Niederknien, Händefalten, Kreuzschlagen, das Klingeln der Messglöckchen, das Heben der Monstranz und das Klopfen an die Brust während der tiefen Stille bei der Wandlung, das alles fügt sich ins tägliche Leben ein wie Schlafengehen, Aufstehen, Anziehn, Lernen, Spielen – es ist der Sonntag, der allen gehört, und an dem sich der dicke schwarze Mann aus dem Pfarramt in eine Heiligenfigur mit prachtvollen Gewändern verwandelt." (11:87)

Wer sich innerlich religiös gefestigt fühlt, den möchte ich nicht irre machen.

Vor allem: Den ganz persönlichen Glauben eines Menschen, „das, was ihn unbedingt angeht", kann ohnehin kein Außenstehender eindeutig registrieren oder bewerten.

Außerdem: Der lebendige Gott kann jeden Menschen in jeder Lebenslage wirksam „anrühren", wann und wo er will.

Zur Position

Der Leser oder die Leserin sollten – wenn sie meinen Standpunkt verwerfen – ab Seite 12 es sich ersparen können, weiterzulesen.

Darum markiere ich meine Position mit den folgenden drei Zitaten und erläutere diese kurz.

> ***1. „Gott ist jenseits aller Kategorien, jenseits von wirklich und unwirklich, endlich und unendlich, gut und böse, schwach und allmächtig, jenseits von persönlich und unpersönlich." (43:61)****

Dazu zwei Bemerkungen:

a) Der Gottesdanke richtet sich danach auf eine rätselhafte „Wirkkraft", über die wir – außer im ganz persönlichen Vertrauen auf diese Kraft, also nur ***im Glauben*** – aber nichts in der Alltagswelt *greifbar* feststellen oder *eindeutig* erkennen können. Eine mit dem Ausdruck „Gott" gemeinte eigenständige „Existenz Gottes" ist nicht nur unbestimmt, sondern *bleibt* auch *grundsätzlich* unbestimmbar. Andernfalls spekulieren wir über Gestalten, die menschlicher Phantasie entsprungen sind – also von Götzen.

Nur in Bildern aus unserer Erfahrungswelt können wir über Gott sprachlich – wohlgemerkt: in unserer Sprache, die wir *verstehen* – etwas aussagen. Und jedes Bild, das wir wählen, muss zugleich unlösbar mit einem Gegenbild verkettet sein, weil wir uns sonst ein unzulässiges „Bild von Gott machen". Also: *Unser Vater – unerforschliche Schöpferkraft; guter Hirte – allmächtiger Richter. „Folglich wird*

---

* Zur Zitierweise: Im Abschnitt 6 sind – in alphabetischer Folge und nummeriert – Publikationen aufgelistet, auf die ich verweise. In Klammern wird erst die Quelle genannt und nach dem Doppelpunkt die betreffende Seite: (5:35).

Gott an prominenter Stelle der theologischen Dogmatik als offenbar und zugleich als verborgen ausgesagt" (58:132).

b) Als Theologe bin ich unmittelbar von dem betroffen und bewegt, was ich anderen mitteilen will (45:11). Ansonsten ist meine „Botschaft" geist- und farblos. Albert Schweitzer sagte dazu sehr treffend: *„Immer haben wir des unerbittlichen Gesetzes eingedenk zu bleiben, dass wir nur soviel Reich Gottes in die Welt bringen können, als wir in uns tragen" (48:378).*

2. „... (W)eil Gottes Wort ohne unser Wort weder spricht noch redet" (10:55).

Nur durch das, was Menschen gesagt und aufgeschrieben haben, *kann* uns „Gottes Wort" „ansprechen". Es liegt dabei ausschließlich an Gottes unerforschlichem Gnadenhandeln, wenn wir bei einem Wort, das die Autoren biblischer Texte formuliert haben, *empfinden*: Das berührt mich unmittelbar! Das trifft mich. Das hat für mich Folgen! Wenn ich das nicht *spüre*, dann rede ich über Gottes Offenbarung wie über beliebige Dinge meines Alltags: „Schön zu hören, gut zu wissen – na und"? Ein *unmittelbares* Wort von Gott existiert nirgends und wurde noch von keinem jemals gehört (5:29).

3. „So verdankt sich beispielsweise das zum dogmatisch-ekklesiologischen Wesensgebilde erklärte Konstrukt des ‚Leibes Christi' dem in der Antike üblichen sozialen Differenzierungsmuster" (58:140).

Mit dem Bild der Einheit des Leibes will Paulus den Korinthern veranschaulichen, dass Christen verschiedener Herkunft „durch *einen* Geist alle zu *einem* Leibe getauft" sind (1. Korintherbrief 1213). Das

Leib-Glieder-Bild als soziales Beziehungsmuster ist in der Antike verbreitet. Es findet sich etwa bei Plato, Aristoteles, Seneca und auch im Judentum.

Oder zum Verstehen der Taufe: Den Sinn der Taufe erfasse ich selbst sachgemäß *symbolisch-realistisch*: Ohne eigenes Zutun wird der Mensch von Gott gerettet. Sinnenfällig veranschaulicht das der Akt mit dem lebensspendenden Wasser (1:150ff.). Eine magische Vorstellung (Reinigung des Täuflings von der Erbsünde) oder ein mystisch-supranaturalistisches Verständnis („Die Taufe einigt den Täufling mit Christus“) halte ich für abwegig.

Die Zeitgenossen von Paulus konnten das Leib-Glieder-Gebilde ohne weiteres nachvollziehen. Menschen des 21. Jahrhunderts können das nicht mehr. Einen imaginären „Leib Christi“ als Idealform für die „wahre Kirche“ können wir lediglich *für wahr halten* (36:110f.).

Dass eine unerforschliche Kraft Gottes am Werk ist und alle rettet, die die Gute Nachricht *(vom Heil in Christus; Römerbrief 116f.)* vertrauend annehmen, das können wir nur persönlich *glauben,* also: vom Evangelium grundlegend *betroffen und zutiefst bewegt sein – von einem „Neuen Sein“ umfangen.*

Ein *Für-wahr-halte-Glauben* umfasst zwar mein Denken und Fühlen aber nicht mein ganzes Selbst. Ich übernehme beim Für-wahr-halten, was andere sich ausgedacht und überliefert haben.

Tatsächlich ist Glaube in steter Bewegung. Die erste Ebene ist ein Erleben, das allein Gott stiftet. Über die zweite kann der Mensch verfügen. Er gibt Übernommenes weiter und organisiert Gemeinschaften. Drittens ist das Pendeln zwischen den beiden erstgenannten Formen unausweichlich.

Fünf Grundsätze zur Begegnung des Christen mit Gott

> *1. Gottes Handeln und Handeln des Menschen lassen sich nach keinem benennbaren Merkmal voneinander unterscheiden.*
>
> *2. Wenn Satz 1 den unerforschlichen lebendigen Gott betrifft, dann sind für sein Wirken weder ein innerweltlicher Urheber noch eine außerweltliche „kosmische Schöpferkraft" empirisch (durch Erfahrung) feststellbar.*
>
> *3. Satz 1 und 2 gelten für den Christen nach biblischem Zeugnis gestern, heute und morgen.*
>
> *4. Der Glaube des Christen, sein absolutes Vertrauen auf den lebendigen Gott, ist ausschließlich Gottes eigenes Werk und keine Entscheidung oder Aktion des Menschen. Der Mensch kann nur empfinden und gewiss sein: Gott ist bei mir.*
>
> *5. Lebendiger Glaube ist nicht eine Gesinnung oder passive Haltung, sondern muss im alltäglichen Handeln und im Lebensstil der Christen zum Ausdruck kommen.*

1. Was ist los mit den Kirchen?

„Kirche ohne Volk"?

„Die Kirche krankt am schleichenden Schwund", so war ein Beitrag zur Lage der Kirche vor dreißig Jahren betitelt. Auf dem Lande schrumpfte der Gottesdienstbesuch langsamer. Die soziale Kontrolle funktionierte dort noch. Man nahm Rücksicht auf Oma. Nach dem Umzug in die Stadt mussten die Enkel samt Familien nicht mehr „jeden Sonntag in die Kirche". Ein Alibi für viele „Karfreitagschristen": „Kirchenspringer sind ja auch keine besseren Menschen".

Vor 15 Jahren erschien eine Analyse volkskirchlicher Strukturen am Ende des Jahrhunderts unter dem Titel *Kirche ohne Volk (52).* Der studierte Theologe, Soziologe und Redakteur Eberhard Stammler benennt darin eine grundlegende Misere der Kirche: Die aus „der Landkarte oder einem Stadtplan" herausgeschnittene „Parochie" *(Amtsbezirk eines Pfarrers)* erfasst eine beziehungslose Bevölkerungsgruppe, aus der nur wenige die kirchlichen Angebote annehmen – bzw. sich bei Bedarf von ihnen „bedienen" lassen. Demgegenüber kennen sich nach dem „Urbild der Gemeinde" alle Mitglieder ihrer Gemeinschaft. Sie fühlen sich verbunden und füreinander verantwortlich.

> „Genau das ist es, was so viele Menschen in ihren Kirchen vermissen, was sie aber erwarten und ersehnen. Während sie in ihren Gottesdiensten zwar als Gemeinde angesprochen werden, werden sie doch nur zu oft allein gelassen. Je mehr sich viele Zeitgenossen in unserer Welt der Apparate dem Gefühl der Einsamkeit ausgeliefert sehen, desto mehr suchen sie nach Inseln der Geborgenheit, nach einem Raum der Beheimatung, nach einer Gemeinschaft, in der sie sich aufgehoben und eingebunden, verstanden und getragen wissen. Sie verfallen deshalb immer mehr den schillernden Angeboten religiöser Sekten oder pseudoreligiöser Kulte, die ihnen eine solche Bindung zu bieten scheinen, während sie an den Kirchentüren vorbeigehen, wo ihnen eigentlich all diese Erwartungen erfüllt werden sollten." (52:21ff.)

Inzwischen ist nichts besser geworden. Im Beispiel: Ein Pfarrer im ländlichen Raum praktiziert *Gottesdienst mit Wenigen (25:619).* In einer seiner vier Gemeinden mit 125 Gemeindegliedern zählte er im Vierteljahr fünfmal nur 2, 3, 2, 4, 5 Gottesdienstbesucher. EKD-weit werden an bestimmten Tagen (Zählsonntage) 3,8% Besucher registriert – seit drei

Jahrzehnten. Die Hörbereitschaft der Christen stagniert auf niedrigem Niveau. Der Pfarrer resümiert:

„Aufs ganze gesehen sind die Ursachen für den niedrigen Gottesdienstbesuch weder im persönlichen Versagen noch in der fehlenden Neugestaltung von Gottesdiensten zu finden, sondern vielmehr in langfristigen Entwicklungen, die unabhängig von der konkreten Gemeinde und einzelnen Personen sind." (25:619)

Das schließt keinesfalls aus, dass zuweilen der Pfarrer selbst durch sein Verhalten Gemeindeglieder verprellt, oder dass eine Gemeinde sich gegenüber Außenstehenden abschottet – häufig unbewusst. Allgemein werden die Leute gegenüber der Kirche und ihrem Service stetig gleichgültiger. Ein buntes Angebot wirbt für Alternativen, die Gesundheit, Sinn und neue Wege verheißen: Wellness, Fitness, „Grenzenlose Vielfalt mit Entertain" ...

Warum ist das so?

Aus meiner Sicht befördern vor allem drei Triebfedern den Schrumpfungsprozess der Kirchen:

a) „Streitigkeiten unter Christen"

Beispielhaft eine Erlebniserzählung aus dem Anfang des 19. Jahrhunderts (um 1822):

„Viele schlossen sich den verschiedenen Kirchen an, was beträchtliches Aufsehen und Zwietracht hervorrief, denn etliche schrien: ‚Kommt hierher!' und andre: ‚Kommt hierher!' Einige stritten für den Methodisten-, andere für den Presbyterianer- und wieder andere für den Baptistenglauben ... Es kam zu heftigen Auseinandersetzungen und großem Wirrwarr mit den damit verbundenen bösen Gefühlen. Priester stritten gegen Priester, Bekehrte gegen Bekehrte, bis schließlich alle die guten Gefühle, die sie füreinander hatten – d. h. wenn sie überhaupt wirklich waren – , in einem Wortkrieg und Meinungsstreit völlig verloren gingen (33:1).

Diese Streitigkeiten unter Christen waren für Joseph

Smith Anlass, sich von den genannten Gruppierungen abzuwenden. Wundersame „Offenbarungen", besondere Platten als Quelle des Buches Mormon und ein „himmlisches Gebot", schienen ihm zwingend, eine eigene Kirche zu gründen. Smith und sein „Ältester" Oliver Cowdery ordinierten sich wechselseitig. Das war die Keimzelle der Mormonenkirche:

„Alsdann legten wir unsere Hände auf jedes einzelne Mitglied der Kirche, auf dass sie die Gabe des Heiligen Geistes empfingen, und bestätigten sie als Mitglieder der Kirche Christi. Der Heilige Geist wurde in reichem Maße ausgegossen – etliche prophezeiten, andere priesen den Herrn und freuten sich außerordentlich". (33:22)

Weltweit gehörten zur *Kirche Jesu Christi der Heiligen der letzten Tage* Ende 2006 fast 13 Millionen Mitglieder.

*

Martyn Minns, ein überaus erfolgreicher Geistlicher im streng protestantischen Bundesstaat Virginia, predigt jetzt afrikanischen Glaubensbrüdern:

„Er berichtet vom großen Glaubenskrieg zu Hause, in Amerika. Es ist ein Krieg, der viele Fronten hat: Zwischen Abtreibungsbefürwortern und –gegnern, zwischen Anhängern der Schöpfungslehre und der Theorie Darwins, zwischen Moralisten und Etatisten. Es geht um Schwule und Sterbehilfe ... Afrikas bibeltreue Christen sind das neue Reservoir der amerikanischen Konservativen für den Kulturkrieg im eigenen Land". (31:174)

*

Nach einem Traugespräch mit einem Brautpaar bemerkte die Mutter des katholischen Bräutigams: *„Mir wär' fast lieber, mei Sohn dät dod umfalle, als dass er das do evangelisch Flittche heiraat".* Das ist schon eine Weile her, in meiner damaligen Gemeinde in Neustadt an der Weinstraße. Aber: Sind nicht solche Vorurteile – nicht nur in der Provinz – bis heute lebendig?

b) Ausweichen vor der Frage: „Wie kann Gott das zulassen!?“

Bilder und Berichte von Katastrophen im Fernsehen überschwemmen uns. Vulkanausbrüche, Tsunamis und Seuchen vermitteln bewegende Schreckensbilder aus aller Welt. Diese bringen gute Einschaltquoten. Viele Mullahs wissen oft sofort: Das sind Allahs Strafen! Fundamentalisten verschiedener Herkunft sagen es ähnlich: Gott züchtigt wegen Ungehorsams. „Aufgeklärte“ Leute empfinden solche metaphysischen Deutungen als peinlich und hören nicht mehr hin. Es gibt Naturkatastrophen, die der Mensch nicht zu verantworten hat. Verschwanden nicht die Saurier und andere Tierarten aus der „Schöpfung“ ohne ein Zutun des Menschen?

Es fällt uns in der Kirche schwer, angemessen vom verborgenen Gott zu reden. Meist sind „formelhafte Tröstungen“ zur Hand, da wo es angebrachter wäre, zu schweigen oder still mitzuleiden.

c) „Es geht auch ohne Kirche“

Immer mehr Menschen in der westlichen Welt suchen nach Sinn, auch außerhalb der Kirchen:

> „Macht uns mehr Geld wirklich glücklicher? Wohin führt eigentlich das ewige Schneller, Höher, Weiter des globalisierten Turbokapitalismus? Müssen sich die Menschen in den Unternehmen dem totalen Diktat von Rendite und Shareholder-Value fügen? Sollten in der Wirtschaft nicht andere, humane Steuerungsgrößen eine wichtige Rolle spielen? ... ein immer größerer Teil der Deutschen lehnt mehr Wettbewerb und Eigenverantwortung ab – und sehnt sich stattdessen nach Solidarität, Heimat und Familie“. (40)

Kirchliche Denkschriften appellieren zwar: Sich auf „christliche Werte“ besinnen! „Abtreibung ist kein Menschenrecht“! Kampagnen für den Schutz des Sonntags. An Lösungen mitarbeiten! Aber „Worte der Kirche“ verhallen zusehends. Greenpeace, Gewerkschaften und Parolen von Polit-Profis finden mehr Gehör.

Das Entscheidende hierbei: Was der ganz persönliche Glaube letztlich bedeutet, aus dem ausschließlich *evangelisch* motiviertes soziales Handeln strömt und der menschenfreundlich wirkt, das wird nicht verständlich erläutert für die Leute. Der Anspruch der *katholischen* Soziallehre wird in den drei Sozialprinzipien ausdefiniert: *1. Personalprinzip, 2. Solidaritätsprinzip, 3. Subsidiaritätsprinzip.* Auf Einzelheiten kann ich im Rahmen dieses Heftes nicht eingehen. Die Problematik wird erfasst, wenn wir unterscheiden, dass Gerechtigkeit ein Formalprinzip ist, während die „Baugesetze der Gesellschaft“ im Naturrecht, in einer Sozialphilosophie, also letztlich metaphysisch verankert sind. Kurz: Was der Einzelne tut, soll dem „Gemeinwohl dienen“. Aber der „Gemeinwohlgedanke als solcher ist abstrakt, inhaltsleer. Entscheidend ist, wer definieren soll, was dem Gemeinwohl entspricht“ (29:344).

In Programmen der politischen Parteien werden solche Fragen kaum mehr beachtet. „Es geht auch ohne Kirche“. Mit kirchlichen Lehrsätzen und theologischen Behauptungen können die „einfachen Leute auf der Straße“ nichts mehr anfangen. „Zum Beleg kann das Interesse dienen, das heute Aussagen der theologischen Dogmatik finden. Es ist schlechterdings nicht mehr feststellbar“ (17:309).

Bei Spendenaufrufen nach Katastrophen erscheinen selbstverständlich die Konten von Diakonischem Werk und Caritas neben nichtkirchlichen Organisationen. Wer will das gering schätzen? Und bei Staatstrauerfeiern sind Worte aus dem Munde von Geistlichen beider Konfessionen willkommen.

Wer will das verachten? Aber: Wie oft sind solche „Dienstleistungen“ wirklich mehr als nur „religiöses Beiwerk“?

In Tageszeitungen schrumpfen die Beiträge von Kirchenvertretern an Weihnachten und Ostern. Es genügt eine Notiz über Äußerungen von prominenten Amtsträgern: „Kirchenoberhäupter üben Gesellschaftskritik“. Recht so!

Sehr viele Leute stehen der Kirche fern, sind aber auf der Suche nach grundlegender Orientierung. Streitereien unter den Christen stoßen sie ab von weiterer Suche auf „christlichen“ Pfaden. Darum suchen sie auf anderen Wegen.

Ein erklärungsbedürftiges Paradox (Widerspruch in sich) in unserer „religiösen Gegenwartskultur“ zeigt Volker Drehsen auf. Unübersehbar sei der

> „Widerspruch zwischen einer zunehmenden Abwanderungsbewegung aus dem traditionellen Kirchenmilieu einerseits und einer ... fast ungebrochenen Bedürftigkeit nach Religiosität notfalls auch außerhalb der Kirchen andererseits ... eine Bedürftigkeit freilich, die sich in nur schwer durchschaubarer Diffusion realisiert und darum nicht selten von Theologen mit recht abschätzigen Untertönen beschrieben wird ... Die Befunde werden dadurch nicht eindeutiger, daß sich der Widerspruch der Szene innerhalb des kirchlichen ... wiederholt, wenn sich beispielsweise Taizé oder Kirchentage im Modus einer Alternativgestalt zur herkömmlichen Religionspraxis der Kirchen in Szene setzen ... Hier wie dort bleibt es erklärungsbedürftig, daß und warum das herkömmliche Kirchenbild zunehmend zu einem „Paradigma institutionell-ideologisch begründeter Vermittlungs- und Traditionsschwierigkeiten in modern-komplexen Gesellschaften“ geworden ist, daß und warum ihre zentralen Veranstaltungen als Orte persönlich-religiöser Sprachlosigkeit erscheinen, während sich auf anderer Seite Kommunikationsfelder und identitätsrelevante Lebensformen außerhalb eines als obsolet und abgeschlossen empfundenen Systems der traditionellen Kirchlichkeit steigenden Interesses und wachsenden Zulaufs erfreuen ...“ (16:128f.)

„Aufschwung Jesu"?

Außerhalb der konventionellen Kirchen wuchern Werbungen für die „wahre Kirche". Weil die heutigen Kirchen die „Nachfolge" der ersten Christen vor 2000 Jahren nicht angenommen hätten, weiß ein „Auserwählter" den einzigen Weg zur „wahren Kirche" Jahwes (34:1).

Ein anderer beschreibt die „eine wahre Gemeinde" als Versammlung aller von Gott Auserwählten. Hier hocken die „wirklichen Christen" beisammen. Alle mit dem gleichen Kennzeichen: „vom Geist Gottes wiedergeboren" (Apg. 2021) und voll Hass auf die Sünde, verliebt in Christus (44).

„Wo ist Gottes wahre Kirche heute?" Abseits des „religiösen Babylon" von Tausenden verschiedener Kirchenorganisationen, mit Tausenden von „Evangelien", untereinander zerstritten? Wer predigt heute die volle Wahrheit? Der, für den Bibel wirklich inspiriert ist! (37)

Die einzige Kirche, die wahre Heiligkeit besitzt und wirklich katholisch (allumfassend) ist, stellt sich unter www.seven--stars.de vor (49).

Weniger nach Bezug zum lebendigen Gott, aber deutlich nach Macht klingen Appelle des Netzwerks „Evangelische Allianz": Übernahme öffentlicher Verantwortung, „Mund auftun" in Haus, Schule, Stadtrat ... Leserbriefe an die Medien usw. Deutschland wurde zum Missionsland erklärt.

Immer mehr Gremien der EKD wurden inzwischen unterwandert. Schleichend wird die Macht übernommen. „Der Kampf, wer in Zukunft die religiöse Landschaft in Deutschland bestimmt, hat begonnen" (Wensierski). Erfolgsmeldungen auf einem „Missionsfeld" bestätigen:

2. Kirchen sind traditionsgesteuerte Organisationen

Sozialer Tatbestand

Kirchen können nur bestehen, weil sie sich als Großgruppen organisieren. Als soziale Gebilde lassen sie sich nach dem Schema des Dreigespanns „Norm-Sanktion-Herrschaft" bezüglich Struktur und Funktion analysieren. An anderer Stelle habe ich das näher ausgeführt (3:24ff.).

Hier gilt es aufzuzeigen, inwiefern alle Formen und Elemente des kirchlichen Lebens von Menschen verursachte Gebilde sind. Nach welchen Merkmalen sollte jemand Gottes gnadenreiches Wirken von menschlichem Tun unterscheiden können? Ich habe nirgends eindeutig wahrnehmbare Kriterien gefunden: Gottes Werk und Handeln und Werk und Handeln des Menschen sind unauflöslich verschränkt und lassen sich nie voneinander trennen.

Jesus wollte keine Kirche gründen

Ein prominenter Neutestamentler betonte zutreffend, es gebe keinen Hinweis darauf, dass

> „zu Lebzeiten Jesu über die korporative Integrität des Jüngerkreises so nachgedacht worden wäre, dass sich daraus in irgendeiner Hinsicht eine Konkurrenz zum bestehenden Volk Israel ergeben hätte. Vielmehr geht es um eine besondere, prinzipiell offene Gruppe innerhalb des Volkes". (12:201f.)

Noch präziser hatte schon ein anderer renommierter Theologe mit Recht bezweifelt, dass es sich um ein Jesuswort handelt: „Du bist Petrus und auf diesen Felsen will ich meine Kirche bauen" (Matthäus 16,17ff.). Zwei Argumente sprechen u.a. dagegen:

> „... erstens, weil dies die einzige Stelle im Neuen Testament ist, wo das Wort Kirche im Sinn der ganzen Gemeinschaft der

Gläubigen vorkommt. Wichtiger ist jedoch, daß Jesus auch nach seiner *(G.Bornkamms)* Meinung das unmittelbar bevorstehende Kommen des Gottesreichs verkündete. Wie konnte er eine Zukunft voraussehen (‚ich *werde* bauen') mit einer Art Organisation (deren Leitung Petrus hat)? Er (Bornkamm) schließt: ‚Man wird darum den Spruch von der ›Kirche‹ schwerlich dem irdischen Jesus zuschreiben können, vielmehr hat ihn die Überlieferung ihm erst in den Mund gelegt, und zwar eine eben nicht breite Sonderüberlieferung, die sich mit anderen Nachrichten über Petrus und die Urgemeinde nur schwer zusammenreimen läßt'". (43:407)

Eine Institution außerhalb des Judentums lag Jesus völlig fern. Erst recht hatte er keine Hierarchie mit Papst, Bischöfen ausschließlich männlichen Klerikern im Sinn. Und schon gar nicht ein „unfehlbares Neues Testament" oder Sakramente, denn der „Jüngste Tag stand vor der Tür. Das Gottesreich würde einen ganz neuen Äon, eine ganz neue Zeit bringen" *(de Rosa).*

Wir müssen heute, so wie die Kirche des ersten Jahrhunderts, das ernüchternde Faktum hinnehmen, dass das „unmittelbar bevorstehende Hereinbrechen" des Gottesreichs *(Bultmann)* ausblieb. Jesu Erwartung des nahen Weltendes erfüllte sich nicht – bis heute. Bis in die Gegenwart allerdings fasziniert Menschen die Vision von einem dramatischen Weltende. Erst kürzlich hatte sich in Russland eine Sekte in eine Höhle zurückgezogen, um für Ende Mai 2008 den Weltuntergang zu erwarten. „1975 wird etwas passieren!" verkündeten Zeugen Jehovas Anfang der 70er Jahre erneut und hatten dabei das endzeitliche Blutbad von Harmagedon vor Augen. Am 26. März 1997 folgten 18 Männer und 21 Frauen dem Alarmruf ihres Gurus Marshall Herff Applewhite „Hale-Bop schließt seine Pforten!" und nahmen sich das Leben. Sie waren davon überzeugt, in einem Raumschiff wiedergeboren zu werden, als dessen Vorbote sie sich den Kometen Hale-Bop vorstellten.

Immer wieder gab es Sektenselbstmord, in naher Vergangenheit erinnert man sich noch an die Sonnentempler, deren Vision von einer Rettung im „Endgericht" sich als Illusion erwies.

Zwecksetzung, Zielbestimmung und Wandel aller kirchlichen Komponenten sind Menschenwerk

Schon vor Jahrzehnten waren mir Gedanken von Eilert Herms hilfreich, um für mich das Verhältnis von göttlichem und menschlichem Handeln eindeutiger zu klären:

„Die Kirche ist zuerst und zuletzt dasjenige Werk Gottes, welches Gott durch die Bewährung der Christusbotschaft an den Herzen aller Erwählten einzeln baut. Deshalb gilt von diesem Werk Gottes zweierlei zugleich: Es manifestiert sich für den Glauben, macht sich für ihn zum Gegenstand; und als Gegenstand des Glaubens ist es nicht ‚sichtbar', wie die Dinge der Welt, sondern ‚unsichtbar'". (26:102)

Das heißt: Kein Mensch, also auch keine kirchliche Instanz, kann sich mit überzeugenden Argumenten darauf berufen, dass das eigentliche und maßgebende „Wesen der Kirche" hinter den sichtbaren Kirchen steckt.

„So lange die professionellen Theologen an der Fiktion festhalten, die geschichtlich existierenden Kirchen beruhten auf einem den menschlichen Subjekten vorgegebenen und entzogenen ‚Wesen', so lange werden alle Bemühungen um eine weitergehende innerkirchliche Realisierung demokratischer Rechte und Verfahren zum Scheitern verurteilt sein. Von dem auf die Herrschaft Christi oder des Wortes Gottes zurückgeführten ‚Wesen' der Kirche ist vornehmlich in dogmatischen und ekklesiologischen Traktaten von professionellen Theologen die Rede. Da aber dieser dogmatische Wesens- und Vorgegebenheitsanspruch auch nur in der Weise von dessen sprachlicher Interpretation faßbar ist, wird diese ‚Vorgegebenheit' nur von Christen für Christen behauptet. In argumentativer Hinsicht läßt sich diese Behauptung von einer Fiktion nicht unterscheiden". (57:177)

Wer diesen Zusammenhang durchschaut und den Folgerungen beipflichtet, kann erleichtert aufatmen. Er ist als kirchlicher Amts- oder Würdenträger befreit vom Zwang, etwas Erdachtes repräsentieren zu müssen, das gar nicht existiert. Nach meiner Beobachtung leiden viele Pfarrerinnen und Pfarrer an der übergestülpten Norm, dass sie in den Gemeinden zum Aufbau und Wohl des „Leibes Christi" agieren sollen. Damit ist ein Grundproblem der Kirche angesprochen: Pfarrerinnen und Pfarrer sollen berufsmäßig etwas übermitteln, worüber sie überhaupt nicht verfügen. Aufgrund ihrer Weihe haben katholische Priester es leichter. Sie haben durch die drei nicht wiederholbaren Sakramente Taufe, Firmung und Ordination einen character indelebilis *(unverliebare Eigenart)* erworben.

Ist es nicht entlastend und befreiend, sich vorzustellen, wie menschlich es etwa bei der Formulierung von wegweisenden Dogmen auf dem Konzil von Nizäa zugegangen ist? Sowohl über die Gottheit Christi, das Datum des Osterfestes als auch über den Kanon der neutestamentlichen Schriften wurde unter Einfluss von Staatsinteressen entschieden.

Der 325 noch ungetaufte Kaiser Konstantin war vor allem an der Reichseinheit interessiert. Für innerkirchliche Streitigkeiten hatte er kein Verständnis. Schon gar nicht für christologische Feinheiten. Die Kirche sollte dem Staate dienen. Darum lud der Kaiser die 318 Teilnehmer (entsprechend den 318 Knechten Abrahams) zum Ersten Ökumenischen Konzil nach Nizäa ein, erstattete allen die Reisekosten und übernahm den Vorsitz in der Versammlung. So konnte er den Verlauf beeinflussen und durchsetzen, dass die Gottheit Christi als Dogma festgeschrieben wurde. Fortan galt: Jesus war Gott, *der*

„Sohn Gottes", er war Gott „wesensgleich" *(homoousios),* nicht nur „wesensähnlich" *(homoiousios).* Basta. Die Bischöfe gaben dem Druck des Kaisers nach. „Ein göttlicher Herr war den Bedürfnissen des Kaiserreichs dienlich. Die diktatorischen und imperialistischen Ansprüche Christi sollten seinen eigenen als Staatsoberhaupt entsprechen" (43:409).

So kam das „christliche Abendland" in Bewegung. Die Kirchenväter übernahmen staatliche Aufgaben. Priester lebten steuerfrei. Der lateinische Kirchenlehrer Hieronymus (ca. 347-419) kommentierte die Entwicklung nach Nizäa: „Je mehr die Kirche an Macht gewinnt, verliert sie an christlichen Tugenden".

Heutzutage vorwiegend durch die Finanzmisere: Steigende Ausgaben bei sinkenden Einnahmen. Juristisch wird damit das *Wesen der Kirchensteuer* berührt:

> „Zum Begriff der Steuer gehört Zwang zur Leistung. Aber ist ein solcher Zwang überhaupt gegeben, wenn man sich ihm, wie im Fall der Kirchensteuer, durch Kirchenaustritt entziehnen kann? ... Jeder, der freiwillig in eine Gemeinschaft eintritt, unterwirft sich ihren Regeln, die unter Umständen auch mit rechtlichem Zwang durchgesetzt werden können." (35:43)

Ein Mitarbeitervertreter in der arbeitsrechtlichen Kommission der Diakonie bestätigt zum Sozialdumping: *„Alle Welt regt sich über Lidl und Aldi auf. Kirche ist schlimmer" (Wolfgang Lindenmaier).* Worin besteht die Heiligkeit der Kirche? Wie ist dazu beschworene *Gegenwart Christi im gepredigten Wort und gespendeten Sakrament* für Leute im 21. Jahrhundert „rüber zu bringen"?

In unserer modernen Gesellschaft nimmt die Religiosität einen eigentümlichen Standort ein:

> „Einerseits ist sie gekennzeichnet durch eine Distanz, durch ei-

ne Emanzipation von offizieller Kirchlichkeit, wie durch das dezidierte Bemühen, Elemente des Alltagslebens zu integrieren. Andererseits kommt sie aber nicht immer unabhängig von kirchlich angebotenen Norm- und Wissensbeständen zustande und hält sich offensichtlich auch in Distanz zu den dominanten, herrschenden Leitwerten und Wissensbeständen der Gesellschaft." (16:138)

Mit anderen Worten: Die meisten Leute wollen heute bei der Sinnsuche für ihr Leben selbst auswählen, welches der vielfältigen Angebote ihnen zusagt. Dabei kommen nach wie vor auch kirchliche Lieferanten infrage, vorwiegend, wenn man Fragen zur eigenen Lebensführung klären möchte. Den Monopolanspruch auf Sinndeutung haben die Kirchen – jedenfalls in unseren Breiten – verloren. Bunt und vielfältig sind die Deutungsmuster, die Individuen sich eigenständig zusammenfügen:

„Im Zuge dieser Gegenkonzeption zu den offiziellen Sinndeutungsangeboten der überkommenen Kirchen werden von den Angehörigen dieser jungen Generation in völliger Unbekümmertheit die religiösen Entwürfe aller Zeiten – Rückgriffe beispielsweise auf mittelalterliche Armutsbewegungen – durchwühlt und die Religionsstifter und Gurus aller Zonen für sich in Anspruch genommen." (16:141)

Klagen über diese Entwicklung sind bedeutungslos. Wie soll man reagieren, wenn man seinen christlichen Glauben bewahren möchte? Ich meine: Alle Herausforderungen sollten angenommen und redlich erörtert werden.

3. „Verkündigung" muss wahrhaftig sein!

Gott – eine „Leeradresse des Universums"?

Kürzlich las ich einen Essay des Schriftstellers und Journalisten Ralph Giordano im Sammelband *Das Heilige Nichts – Gott nach dem Holocaust.* Der Autor selbst bezeichnet sich als einen *glaubenslosen*

Humanisten. Er stimmt der Religionskritik von Karl Marx *(das verkehrte Weltbewusstsein)* und Sigmund Freud *(Menschheitsneurose)* zu. Gott hält er für „einen geistesgeschichtlichen Irrtum der Menschheit". Obwohl seine Kritik nichts Neues enthält, ist sie aktuell und hilfreich zur Klärung der vorliegenden Frage nach der „wahren Kirche". Ich greife die drei Aspekte auf *a) „Metaphysisches Mauseloch", b) Jesusmord als „Erlösungsakt?"* und *c) Fragwürdige Glaubenssätze.*

a) „Metaphysisches Mauseloch". Eingedenk des Holocaust und angesichts der Tatsache, dass Massenvernichtungswaffen „Eine Erfindung aus dem Wissenschaftsschoß christlicher Nationen" sind, fragt Giordano:

> „Wie hält die Lehre Gott von diesen Entsetzlichkeiten frei? Wie wird versucht, das Bild, das sie vom *Allgütigen* entwirft, zu vereinbaren mit eben den geschichtsnotorischen Fürchterlichkeiten hienieden? Indem sie Entscheidungsfreiheit für Gut und Böse in die Verantwortlichkeit des Menschen delegiert – so einfach ist das. Dank dieser Lehrthese ist Gott aus allem *Bösen* heraus und zuständig nur für das Gute. Ich nenne sie das *metaphysische Mausloch* der christlichen Lehre. Dank seiner soll Gott zuständig sein für das tägliche Brot, nicht aber für Auschwitz." (23:17)

b) Jesusmord als „Erlösungsakt"? Auch der folgende Einwand lässt sich nicht mit dogmatischen Floskeln widerlegen. Es geht dabei um das „Initialereignis des Christentums", die Kreuzigung Jesu. Bekanntlich seien

> Juden von Christen ausdrücklich wegen der Kreuzigung Jesu über mehr als ein Jahrtausend hinweg verfolgt, enteignet, ghettoisiert, geschlagen und massenhaft ermordet worden – eines Ereignisses wegen, dem die Verfolger und Totschläger ihre Religion zu verdanken haben. Juden sind also über eine riesige Geschichtsstrecke hinweg von Christen gehängt, lebendig verbrannt, gerädert und gevierteilt worden für ein göttlich be-

schlossenes Ereignis, ohne das es kein Christentum gegeben hätte... Es gibt keine Logik, die diese beiden unvereinbaren Kreuzigungsdeutungen harmonisieren könnte. ‚Erlösungsakt' und ‚Christusmord' schließen sich gegenseitig aus." (23:18f.)

c) Fragwürdige Glaubenssätze. Giordano benennt dazu tief „menschenfeindliche Züge" in der Lehre:

Das gesamte Lehrgebäude der Bibel – und darin ist natürlich das Alte Testament eingeschlossen – basiert auf der Inkriminierung des Menschen. Ich kann mich nur tief verletzt, ja abgestoßen fühlen von einem Begriff wie dem der Erbsünde, dieser monströsen Fabel einer Sippenhaft, aller Nachgeborenen Adams und Evas; abgestoßen auch von der dichten Finsternis, die in dem Begriff *Sünde* über die Menschen breitet, und abgestoßen erst recht von dem der *Hölle* und ihrem *Fegefeuer* – welch entsetzliche, unermesslich seelische Pein haben sie über Gläubige durch die Jahrhunderte zur Folge gehabt, eine Horrorisierung ganzer Zeitalter, bis hinein in unsere Gegenwart...

Muss einem da nicht unwillkürlich der Gedanke kommen: Wenn der Mensch, dieses Sündenbündel, denn so fehlbar, so unvollkommen, so grenzenlos nichtig sei, wie er ständig und in starken Farben von der Bibel gezeichnet wird – müsste dann nicht auch sein göttliches Ebenbild fehlbar, unvollkommen und nichtig sein? Wie denn sonst kämen hier denn *Ebenbilder* zustande?" (23:20f.)

Schon früh, bemerkt Giordano, störte ihn die Provinzialität der Bibel: „Woher nehmen Christen eigentlich den Anspruch auf die Globalität, ja Universalität ihrer Lehre? Der Gesichtskreis des *Buches der Bücher* bleibt ständig beschränkt auf die Nabelschau bestimmter Teile Kleinasiens ... Das Neue Testament schließlich reduziert das Geschehen und die Mobilität Jesu gar auf wenige Quadratkilometer zwischen der Quelle des Jordan und Jerusalem" (23:24).

Heute umgibt uns die sogenannte „Wissensgesellschaft". Bemerkenswert dabei: *„Wir suchen nach Erkenntnis und ertrinken in Information" (Joseph Weizenbaum).*

Wirkungen der „Wissensgesellschaft"

Mit *Informationsflut* und *Wissensexplosion* werden zwei weitreichende Erscheinungen unserer Welt benannt. Allerdings sind solche drastischen Umschreibungen ungenau und suggerieren (reden ein), es handle sich um katastrophenartige Erscheinungen. In der Tat: Die Prozesse, die zur besseren Informierung der Gesellschaft beitragen, produzieren selbst stets neue Informationsströme mit vielen offenen Fragen:

Alle gesellschaftlichen Organisationen und Subsysteme spezialisieren sich zunehmend und grenzen sich dementsprechend ab. Dadurch schrumpft das Wissen des Einzelnen.

„Die *Explosion* von Wissen geht u.a. auf die ausgeprägte Selbstreferentialität der Wissenschaften sowie den Zuwachs an interner und externer Kommunikation zurück. Wichtig dabei: Die tatsächliche Verfügbarkeit von Wissen nimmt, gemessen an der potenziellen Verfügbarkeit, exponentiell (gemäß einer spezifischen Exponentialfunktion verlaufend) ab. Die gesellschaftliche *Wissensexplosion (Menge des potenziell Wissbaren)* verstärkt die individuelle *Wissensimplosion" (Menge des individuell Gewussten).* (7:75)

Was überschauen wir noch? Wobei können wir sachkundig mitreden? Ist Bio-Kraftstoff eher nützlich oder schädlich? Wo sollen für die Stammzellenforschung Grenzen gezogen werden? Was können wir noch beeinflussen? Heute zählt:

„Das egoistische Selbstinteresse, das der Religion als „sündhaft", der Moral als „verwerflich" gilt, wird zum Motor prinzipiell nicht begrenzbarer Expansionsbestrebungen, so dass alle Arten der Produktivitäts- und Konsumsteuerung immer wieder der ersten und letzten Maxime wirtschaftlichen Handelns dienen: Wenn du dein egoistisches Selbstinteresse durch den Erfolg deines wirtschaftlichen Handelns befriedigen willst, so handle so, dass du aus wenig mehr Kapital und aus mehr noch mehr Kapital machst." (58:18f.)

Wie müsste ein gerechteres Weltwirtschaftssystem beschaffen sein? Vor allem: Auf welche Weise ließe es sich verwirklichen? Auch die Entscheidungsträger in der Politik sind von Experten abhängig. Und die Fachleute selbst überschauen nur ständig enger werdende Fachbereiche. Und wie unabhängig sind sie und dementsprechend wie objektiv ihre Urteile und Ratschläge?

Solche Fragen muss die christliche Ethik berücksichtigen. Wer sich für Religion interessiert, wird unmittelbarer von Berichten betroffen sein über neue archäologische Funde. Zwei Beispiele:

1) War die Menschheit vor rund 70.000 Jahren vom Aussterben bedroht, weil damals nur etwa 2000 Menschen in isolierten, winzigen Gruppen zusammenlebten? Extreme Klimabedingungen waren die Ursache. Das besagt eine neue genetische Studie (American Journal of Human Genetics, 2008). Wie passt das zur Vorstellung vom Schöpfergott?

2) Zu Fragen der Ausbreitung der christlichen Bewegung: Waren Juden und Christen als Bruder-Religionen weit länger miteinander verschränkt, als Kirchenobere es später wahrhaben wollten? Früheste Kirchen aus dem 3. und 4. Jahrhundert, das haben neueste Ausgrabungen gezeigt, waren durchweg in jüdischen Vierteln errichtet worden.

Noch drängender jedoch sind etwa die Herausforderungen, wenn Neurowissenschaftler die „Wohnstätte Gottes im Gehirn des Menschen“ zu erkennen glauben.

Wird unser Glaube durch derartige Informationen erschüttert? Welche überraschenden Funde oder Meldungen werden demnächst überlieferte Ansichten infrage stellen? Heute beherrschen zwar keine Könige und Kaiser die Gesellschaft, aber Konzerne und Konsumzwang bedrücken die Leute nicht minder. Zwei Schlussfolgerungen waren mir hilfreich, nämlich zum Verständnis der *Bibel* und der Bedeutung von *Wahrhaftigkeit:*

Die Welt der Bibel ist passé

Die meisten Verfasser der neutestamentlichen Schriften waren Menschen des ersten Jahrhunderts. Für sie waren etwa Fragen nach Krankheitsursachen oder die Möglichkeit von Wundern kein Problem. Geister oder Dämonen verursachten Erkrankungen, Wunder geschahen einfach, Naturgesetze hin oder her. Einige Beispiele:

Lukasevangelium 9_{37-43}: Jesus heilt ein fallsüchtiges Kind (*„Jesus aber bedrohte den unsauberen Geist und machte den Knaben gesund ...“);* Lukas 7_{11-17}: Jesus macht einen Toten lebendig *(„...er sagte zu dem Toten: ‚Du junger Mann, ich befehle dir: Steh auf!’“).*

Apostelgeschichte 20_{7-12}: Paulus macht einen Toten lebendig: *(„Auf der Fensterbank saß ein junger Mann mit Namen Eutychus und sank in einen tiefen Schlaf, weil Paulus so lange redete und fiel drei Stockwerke tief aus dem Fenster. Als sie ihn aufhoben, war er tot. Paulus aber ging hinunter, legte sich auf ihn und sagte: ‚Macht euch keine Sorgen, er lebt’!“).*

Außer Giordanos Einwänden (oben S.23ff.) wäre u.a. die von Paulus geforderte Gehorsamspflicht gegenüber der Obrigkeit anzufügen (Römerbrief 13_{1-7}), und dass die Sklaverei akzeptiert wird. Auch das feministische Argument, „dass Gott jenseits der Geschlechterpolarität steht“, ist begründet.

Schon seit über drei Jahrhunderten wurden im Zuge der Aufklärung Fragen der zeitgemäßen Deutung von Bibeltexten unbefangen erörtert. Der Dichter und „Liebhaber der Theologie“ Gotthold Ephraim Lessing bekannte 1777:

„Ich leugne gar nicht, dass Christus Wunder getan hat, sondern ich leugne, dass diese Wunder .. seitdem sie nichts als Nachrichten von Wundern sind, mich zu dem geringsten Glauben an Christi anderweitige Lehren verbinden können und dürfen. Das ist der garstige Graben, über den ich nicht kommen kann."

Scharfsinnig hat Lessing vorweggenommen, was Ausleger später erkannten: Der sachliche Unterschied zwischen dem „irdischen Jesus" und dem „gepredigten Christus". Wahrheit ist für Lessing nichts Statisches oder etwas endgültig Abgeschlossenes. Darum wäre es falsch, es mit dem Besitz formulierter Lehren bewenden zu lassen. Lessing plädierte für unablässiges Wahrheitsstreben. „Lessing sucht die rückhaltlose Offenheit für eine historische Erforschung biblischer Berichte und theologiegeschichtlicher Ereignisse mit der Strenge der Wahrheitsfrage zu verbinden" (30:25). Dazu die zugespitzte Frage:

Was muss die Theologie heute tun?

Ich beziehe mich auf Manfred Mezger, der wiederum *Sören Kierkegaard (1813-1855),* den dänischen philosophisch-theologischen Schriftsteller anschaulich zu Wort kommen lässt:

„Der Theologe sei Gottes Spion in der Welt. Ein gewagter Vergleich, der sagen will: Ein Spion verschafft sich Kunde von dem, was in den verborgenen Bezirken des Geistes vorgeht. Insofern ist die Theologie keine abseitige Wissenschaft, weltfern und abstrakt, vielmehr ist sie wachsame Teilnehme an den inneren Vorgängen und Bewegungen der Zeit. Sie muss wissen, was in den Werkstätten des Geistes gezimmert wird. Sie muss im Gespräch sein mit denen, die Entwürfe machen und vorlegen über die technische Zukunft der Welt, über den Menschen und seine Bestimmung.

Und sie muss dem Philosophen ebenso wie dem Dichter nahe sein, weil sie Interesse hat an der Begegnung von Gotteswort und Menschenwort. Das ist nicht leicht, denn nichts ist so schwer zu erkennen und zu sagen als das, was wirklich *ist."* (38:99f.)

Fazit:
Biblische Texte müssen für den *heutigen* Hörer und Leser *angemessen* gedeutet werden, wenn diese die Freudenbotschaft von Christus *verstehen* sollen.

Was ist „echter Glaube"?

Unklarheiten darüber, was jemand mit *Glaube* oder *Glauben* meint und versteht, sind die Quelle vieler Missverständnisse. „Glaube ist ein Geschenk", sagt der Protestant ganz zutreffend. Wenn es heißt: „Ausbreitung des Glaubens ist der zentrale kirchliche Auftrag", bleibt aber meist schleierhaft, wer der Akteur bei dieser Aufgabe sein soll. Der Kirchenbeamte? Der Geber des Geschenks, der allein Gott sein kann? Andernfalls würde das *Heil aus Glauben* nach dem Münchhausen-Modell vom Menschen selbst inszeniert werden.

Ich skizziere meine Position an dieser Stelle detaillierter, weil das für die Antwort auf die Frage nach der „wahren Kirche" grundlegend wichtig ist. Mir war und ist es hilfreich, ständig drei Schichten oder Ebenen des Glaubens zu unterscheiden:

1) Ergriffen-vertrauender Glaube; 2) Suchend-denkender Glaube; 3) Für-wahr-haltender Glaube;

Zu 1: Ergriffen-vertrauender Glaube; (Glaubensbegründung)

Wenn Gott selbst sich mir offenbart, ergreift und begeistert er mich. Ich bin von Gottes Gnade „angerührt", empfinde bewusst: „Jetzt ist Gott bei mir"! Dieses Erlebnis kann ich mir nicht *beschaffen.* Es widerfährt mir. Ich bin passiv dabei. Aber ich spüre: „Das geht dich unmittelbar an!" *(Paul Tillich)* In ganz verschiedenen Lebenslagen kann das passieren. *Wie* sich die Gotteskraft mir mitteilt, bleibt unerforschlich. Aber ich bin betroffen und irgendwie geheimnisvoll beteiligt. Beim Versuch, das Geheimnis zu lüften, würde ich mich in psychologischen Spekulationen verirren.

Genau in diesem Sinne verstehe ich *Karl Barth* bei den folgenden Äußerungen:

a) „Es steht je und je bei Gott und nicht bei uns, ob unser Hören wirkliches Hören, und unser Gehorsam wirklicher Gehorsam, unsere Dogmatik als Erkenntnis des Inhalts christlicher Rede gesegnet und geheiligt oder müßige Spekulation ist." (8a:18)

b) „Es gibt aber eine Kraft der göttlichen Einwohnung in der Weite und in der Enge, der unsere Werke in ihrer ganzen Unkraft nun doch auch nicht zu widerstehen vermögen. Es handelt sich bei dieser Einwohnung nicht um irgend eine magische Verwandlung des Menschen, um irgend eine übernatürliche Ausweitung seines Vermögens, so dass er jetzt könnte, was er zuvor nicht konnte. Er ‚kann' es nach wie vor nicht. Er wird aber durch Gottes Gnade aufgenommen und bestimmt zur Teilnahme an der Wahrhaftigkeit der Offenbarung Gottes." (8b:239)

c) „In aller Unähnlichkeit ist die menschliche Möglichkeit, im Glauben die Verheißung zu ergreifen, nicht ohne Ähnlichkeit mit der göttlichen Möglichkeit ihrer Verwirklichung." (8a:256)

Wie viele Laien – auch Amtsschwestern und –brüder – können mit eigenen Worten klar sagen, was *Barth* meint? Es geht um die analogia fidei (Entsprechung/Ähnlichkeit des Glaubens). Schön. Aber wie sage ich das den Leuten *heute* verständlich?

Im Rückblick: Schon der französisch-schweizer Reformator *Johannes Calvin (1509-1564)* beginnt sein Hauptwerk *Unterricht in der christlichen Religion* mit dem Fanfarenstoß dieses Zirkelgedankens: Ohne Selbsterkenntnis keine Gotteserkenntnis! Und: Ohne Gotteserkenntnis keine Selbsterkenntnis?

„All unsere Weisheit ... umfasst im Grunde eigentlich zweierlei: Die Erkenntnis Gottes und unsere Selbsterkenntnis. Diese beiden aber hängen vielfältig zusammen, und darum ist es doch nicht so einfach zu sagen, welche denn an erster Stelle steht und die andere aus sich heraus bewirkt." (15:1)

Der Vorgang der *Glaubensbegründung* kann nicht konserviert werden. Wie das Manna damals in der Wüste. Mit jedem Erwachen muss ich hoffen, dass Gottes Gnade sich mir aufs Neue offenbart. Bittend und reagierbereit beginne ich mein Tagewerk.

Zu 2: Suchend-denkender Glaube. (Glaubenserfahrung)

Diese zweite Ebene des Glaubensbegriffs beschreibt die *Erfahrung des Glaubens.* Über die *Begründung* verfügt kein Mensch (→ zu 1). Andererseits: Mein Empfinden muss ich in verständliche Worte und Bilder kleiden. Angesichts der vielfältigen Herausforderungen muss ich mich um verständliche Antworten bemühen. Ohne eine Form, in der ich einem anderen etwas mitteilen kann, verflüchtigt sich die Begeisterung. Sie verkümmert. Inhalte kann man nur in konkreten Sprachformen übermitteln. So entsteht das Problem:

Zum einen fühle ich: Für das ***Wie*** der Gottesoffenbarung „in meinem Herzen" finde ich nur unzureichende Worte. Die ganz persönliche Erfahrung bleibt unaussprechlich. Wie Paulus es in 2. Korintherbrief 123f. bezeugt: Von einer empfangenen Offenbarung gesteht er: *„Ich kenne denselben Menschen (er meint sich selbst) ... und hörte geheimnisvolle Worte, die kein Mensch aussprechen kann".* Wie bei tiefen Empfindungen: Liebe, Hass ... Worüber die ich nicht reden kann, darüber müsste ich eigentlich nur schweigen *(Ludwig Wittgenstein).*

Zum anderen weiß ich: Dass ich gewiss bin, dass Gott mir nahe ist, kann ich nur in Bildern oder Beispielen ausdrücken. Wer meine Botschaft verstehen soll, muss klar erfassen, was ich ihm mitteilen will. Sonst rede ich an meinem Hörer vorbei. Also brauche ich eine Sprachform, die meine Absicht fördert. Ob meine Äußerung über Gottes Gegenwart im Bewusstsein des Hörers wirksam wird, kann ich nicht wissen. Das ist allein Gottes Werk. Und darin liegt der Ausgangspunkt für die zweite Dimension, wie gerade skizziert: der *suchend-denkende Glaube.*

Zu 3: Für-wahr-haltender Glaube; (Glaubensformung)

Lehrsätze *über* den Glauben treffen mich *nicht unmittelbar* und gehen mich *nicht unbedingt an.* Sie sind nötig, um mitzuteilen, welche Inhalte mit Glaube gemeint sind. Diese Dimension ist sichtbar, weil es sich um einen sozialen Tatbestand handelt. (→ u.a. 5:51; 6:43ff.).

Nochmals mit anderen Worten:

Die drei Ebenen/Dimensionen von Glaube(n) bilden eine Einheit. Aber sie müssen klar voneinander unterschieden werden, weil sie verschiedene Bestandteile darstellen. Diese Unterscheidung wird häufig nicht gemacht, weil die Konsequenzen unbequem sind. Der „Machtbereich“ von Kirche schrumpft mächtig, wenn deutlich wird, dass die Kirche vorwiegend nur in der sozialen Dimension organisieren und gestalten kann. Glaube als *begeisterndes Ergriffensein* und als *suchendes Denken* bewegt „Herz“ und Bewusstsein des Einzelnen, der glaubt.

Die Unklarheit beim „Glauben“ entsteht, weil zwei verschiedene Existenzweisen nicht deutlich voneinander unterschieden werden: die Existenzweise des *Habens* und die des *Seins,* wie Erich

Fromm sie beschrieben hat:

„Haben bezieht sich auf Dinge, und Dinge sind konkret und *beschreibbar.* Sein bezieht sich auf *Erlebnisse,* und diese sind im Prinzip nicht beschreibbar... der lebendige Mensch (ist) kein totes Bildwerk und kann nicht wie ein Ding beschrieben werden ... mein gesamtes Ich, meine Individualität in allen ihren Ausformungen, mein So-sein, das so einmalig ist wie meine Fingerabdrücke, ist niemals vollkommen erfaßbar, nicht einmal auf dem Wege der Einfühlung, denn es gibt keine zwei Menschen, die vollkommen identisch sind ... Die Voraussetzungen für die Existenzweise des Seins sind Unabhängigkeit, Freiheit und das Vorhandensein kritischer Vernunft. Ihr wesentliches Merkmal ist die Aktivität, nicht im Sinne von Geschäftigkeit, sondern im Sinne eines inneren Tätigseins, dem produktiven Gebrauch der menschlichen Kräfte." (22:88f.)

Fazit:

„Echter Glaube" umfasst die drei genannten Ebenen. Man kann sie nicht voneinander trennen, muss sie aber unterscheiden.

Wohlgemerkt: Der suchend-denkende Glaube (Ebene II) kommt gedanklich nicht zu abschließenden Ergebnissen. Er bleibt angefochten, weil er immer von Gottes erneutem Handeln abhängt.

Und das ist *gedanklich nicht durchführbar:*

Einerseits die rein passive Weckung meiner Gewissheit, dass Gott bei mir ist (Ebene I), und gleichzeitig

andererseits die *freie* aktive Umsetzung dieser geschenkten Gewissheit in konkretes, verantwortliches, soziales Handeln (Ebene II + III).

Ich bin ratlos, weil ich Gottes Pläne nicht kenne.

Die Graphik auf der folgenden Seite versucht, die komplexen Zusammenhänge zu veranschaulichen.

EBENEN / SCHICHTEN DES GLAUBENS

II. GLAUBENSERFAHRUNG

- *Ausdruck der Empfindung von Gnade*
- *Suche nach neuen Wegen und „Führungen"*
- *Bewegen zwischen den Ebenen*

II. GLAUBENSFORMUNG

- *Für - wahr - halten von Dogmen*
- *Einstimmen in Tradition*
- *Verantwortliches soziales Handeln und Gestalten*

I. GLAUBENSBEGRÜNDUNG

- *Von Gnade ergriffen, begeistert, passives Aha-Erlebnis, ein innerweltlicher Urheber, nicht feststellbar*
- *freie, aktive Umsetzung der geschenkten Gewissheit*
- *ständige reagierbereite Offenheit*

- *Gnadenhandeln*
- *freie Aktivität des Menschen*
- *religiöse, gesellschaftliche Tradition*

Vom Glauben wird verschwommen geredet, weil der Mensch bezüglich seiner Lebensorientierung sicher sein möchte. Klarheit würde die Unsicherheit verstärken. Man müsste sich neu orientieren. Dabei steigern zwei Momente die „selbstverschuldete Unmündigkeit" des Einzelnen in Glaubensfragen, nämlich insbesondere

a) Gedankenlosigkeit bei der Glaubenspraxis,
b) Scheu vor Eigenverantwortung.

Zu a) Das Dilemma beim Glauben entsteht, weil die Existenzweisen von *Haben* und *Sein* mit ihren je besonderen Merkmalen nicht genügend beachtet werden. Mal ist Glaube „Geschenk" (gut protestantisch: rein passiver Empfang), oder „Bekenntnis"/-Deklamieren („Wir bekennen nun unseren Glauben ..."), dann wiederum „kirchlicher Auftrag" („den Glauben weitergeben und ausbreiten") u.ä.

Den allermeisten Gemeindegliedern bleibt verborgen, welches Merkmal gerade zur Sprache kommt. Weil die „Aufklärung" schwierig ist, scheinen die meisten Theologen für die Mehrdeutigkeit dankbar zu sein und halten sich an das Messbare: Zahl der Teilnehmer am Kirchentag, Spendenaufkommen bei „Brot für die Welt", Anmeldungen zum Seniorennachmittag u.a. Kurz: Erfolgsgeschichten. Diese *Erfolge* als sichtbaren Ausdruck eines „göttlichen Handelns" zu bezeichnen, ist letztlich frevelhaft. *Gott wirkt wann, wo und wie er will,* nicht dort, wo Menschen *behaupten,* Gott habe gehandelt! Somit bleibt die problematische Vermengung der Dimensionen dem „einfachen Gläubigen" verborgen und er bekommt keine Anregungen, sich selbst um Klarheit zu bemühen.

Hinzu kommt die Tendenz zum *Haben-Wollen,*

die in jedem Menschen – mehr oder weniger – steckt. Beispiel: Manna bei der Wüstenwanderung Israels. Wer auf Gnade vertraute, fand auch am nächsten Tag genug „Brot vom Himmel", um zu überleben. Wer aber ängstlich *haben* und festhalten wollte, und auf Vorrat speicherte, erlebte: Das Lebensmittel war „voller Würmer und stinkend" geworden (2. Mose 1620).

Zu b) Die meisten Leute wollen größte Sicherheit bei geringstem Risiko. Im Blick auf Glaubensfragen heißt das: Rituale und Erfahrungen als Bestätigung dafür konservieren, dass man selbst auf dem richtigen Wege zum Heil ist.

Beispielhaft und nicht zeitgebunden hat *Fjodor Dostojewskij* diesen Tatbestand in seiner „Phantasie" *Der Großinquisitor* veranschaulicht. Kurzgefasst:

Christus kommt im 15. Jahrhundert in Sevilla für kurze Zeit herab, um sich dem Volke zu zeigen. Täglich lodern Scheiterhaufen der Inquisition „zum Ruhme Gottes". Als einige aus dem Volk Christus als Wundertäter erkennen, lässt der Kardinal-Großinquisitor ihn verhaften. Im nächtlichen Gespräch erklärt der greise Kirchenmann, warum Christus jetzt bloß noch stört: Nur drei Mächte fesseln im Volke das Gewissen: ***Das Wunder, das Geheimnis und die Autorität.*** Das bietet die Kirche der Volksmasse. Spontanes Christuswirken ist der Frömmigkeitsroutine hinderlich (3:20f.).

Wie viele Gemeindeglieder fragen frei und unbefangen, wenn sie mit Lehrsätzen oder Bibelworten nicht klarkommen? Dazu muss der Frager ein Problem ernsthaft ins Auge fassen. Er muss bereit sein, sich auseinander zu setzen. Einfacher ist es zu sagen: „Der Herr Pfarrer wird's ja wissen, dazu hat er studiert. Das versteh' ich ja doch nicht!"

Wahrhaftigkeit kann „echten Glauben" nie gefährden

Die Jahrestagung des Bundes für Freies Christentum vom 21. bis 23. September 2007 in Bad Boll befasste sich mit dem Thema „Führt Wahrhaftigkeit zum Unglauben? David Friedrich Strauß (1808-1874) als Bibelkritiker und Philosoph". Ich greife das angesprochene Grundproblem ohne Fragezeichen auf, und versuche folgende These kurz zu erläutern:

Die *Glaubensbegründung* ist unerschütterlich und bleibt es auch. Sie ist allein Gottes Werk und liegt in keines Menschen Hand. Gott ist größer als alle menschliche Vorstellungskraft: ***„... Fliege ich dorthin, wo die Sonne aufgeht, oder zum Ende des Meeres, wo sie versinkt; auch dort wird deine Hand mich greifen, auch dort lässt du mich nicht los ...***" (Ps. 139 9f.).

Diese zeitlos aktuellen Bilder aus biblischem Zeugnis besagen, dass das Fundament des Glaubens, Gottes Wirken, grundlegend unverrückbar ist.

Allerdings:

Meine *Glaubenserfahrung,* bleibt instabil. Sie ist fortwährend bedroht: Weil ich zweifle, weil ich festhalten möchte, weil ich denkfaul bin oder rechthaberisch u.ä.

Ich empfinde nach, was Dietrich Bonhoeffer anschaulich sagt:

„Oft frage ich mich, warum mich ein ‚christlicher Instinkt' häufig mehr zu den Religionslosen als zu den Religiösen zieht, und zwar durchaus nicht in der Absicht der Missionierung, sondern ich möchte fast sagen ‚brüderlich'. Während ich mich den Religiösen gegenüber oft scheue, den Namen Gottes zu nennen – weil er mir hier irgendwie falsch zu klingen scheint und ich mir selbst etwas unehrlich vorkomme (besonders schlimm ist es, wenn die anderen in religiöser Terminologie zu reden anfangen, dann verstumme ich fast völlig und es wird mir irgendwie schwül und unbehaglich) – kann ich den Religionslosen gegenüber gelegentlich ganz ruhig und wie selbstverständlich Gott nennen. Die Religiösen sprechen von Gott, wenn menschliche Erkenntnis (manchmal schon aus Denkfaulheit) zu Ende ist oder wenn menschliche Kräfte versagen – es ist eigentlich immer der deus ex machina, den sie aufmarschieren lassen, entweder zur Scheinlösung unlösbarer Probleme oder als Kraft bei menschlichem Versagen, immer also in Ausnutzung menschlicher Schwäche bzw. an den menschlichen Grenzen; das hält zwangsläufig immer nur so lange vor, bis die Menschen aus eigener Kraft die Grenzen etwas weiter hinausschieben und Gott als deus ex machina überflüssig wird ...". (13:181)

Wahrhaftigkeit kann meinen ergriffen-begeisternden Glauben zwar anfechten und verunsichern, aber nicht zerstören – ***wenn*** ich ***durch Gottes Güte im Glauben*** stets neu gewiss werde, dass mein Leben aus Gottes Hand kommt und nach der mir zugemessenen Zeit wieder in Gottes Hände versinkt.

Ob es nun Anti-Materie, Schwarze Löcher oder bewohnte Sterne im Universum gibt, betrifft meinen Glauben nicht. Und neueste Erkenntnisse neurologischer Untersuchungen über das menschliche Gehirn oder Hypothesen aus der Genforschung mögen neue Fragen aufwerfen, doch sie erschüttern *Gottes Glaubensbegründung* nicht.

4. Ohne unser Wort bleibt „Gottes Wort" stumm

Gott im Ghetto menschlicher Sprachen?

Sprachlos steht kein Mensch an erster Stelle der Erkenntnis. Denn: *„Sein, das verstanden werden kann, ist Sprache" (Hans-Georg Gadamer).* Und nach meinem Dafürhalten gilt:

„Die menschliche Rede vom Wort Gottes ist aber nicht das gemeinte Wort selbst. So bleibt die Behauptung, von Gott könne nur „Gott selber reden" ein leerer Anspruch, der sich umso effektvoller mit einem autoritären Gehabe auffüllen läßt." (58:4)

Wer behauptet, es gebe *unmittelbare* Worte von Gott, der setzt dabei zumindest zweierlei voraus:

1. Gott als Glied einer Sprechergemeinschaft.

Wenn Gott mit eigenen Worten direkt mit Menschen kommunizieren will, muss er in einem über 100 000jährigen Prozess an der Entwicklung von ca. 6000 Sprachen der Menschen Anteil gehabt haben.

„Nur weil eine Gemeinschaft sich innerhalb der Welt der Gegenstände darüber verständigen kann, *welcher* jeweils gemeint ist, können sie in dem, was sie über ihn sagen, ein und dasselbe meinen (bzw. negieren usw.). Die Sprechergemeinschaft ist selbst Teil des Universums der Gegenstände (auch Personen sind Gegenstände in diesem weiten Sinn). Man kann sich sowohl das Universum der Gegenstände als auch die Unterklasse der Sprecher kleiner oder größer vorstellen." (56:21)

Was folgt daraus für ein „Bild oder Gleichnis" von Gott?

2. Gott wird in eine bestimmte Lebensform gepresst!

Jede Sprache beruht (nach Wittgenstein) auf „Übereinkunft" und grammatische Regeln auf grammatischen Konventionen. Zur Verständigung gehört eine „Übereinstimmung": „Diese soziale Übereinstimmung , auf der sich sprachliche Korrektheit gründet, ist allerdings keine Übereinstimmung der Meinungen, sondern [eine] der Lebensform'." (39:337) Und zu beachten ist, dass die der Sprache eignende Semantik (Bedeutung/Inhalt – eines Wortes, Satzes od. Textes) sich immer schon dadurch auszeichnet, „daß sprachlich mitgeteilte Gefühle, Vorstellungen oder Wünsche und Absichten auch von anderen Individuen ... geteilt werden können" (58:223).

Sind sprachanalytische Erkenntnisse irrelevant (unbedeutend), wenn es um biblische Texte geht?

Fazit – aus meiner Sicht:

Die Bibel enthält nicht *„in, mit und unter"* Gotteswort, sondern sie **ist reines Menschenwort.** Andernfalls: Nach welchen Merkmalen sollte unterschieden werden? Und vor allem: Wem stünde das Richteramt zu? Einem „Erleuchteten", einer Theologin oder einem berufenen „Stellvertreter"?

„Gott ist größer als unser Herz und weiß alles"!

Weil die Verfasser der biblischen Schriften von Gott nur in Bildern, Gleichnissen oder Umschreibungen reden können, müssen wir heute fragen, inwiefern uns die Botschaft der Bibel von damals trifft. Mehr noch: Ich muss fühlen und spüren, dass es um mich geht. Ganz unmittelbar und direkt.

So erschließt sich mir das Geheimnis des Glaubens: Ich empfinde: Ich werde getragen und geführt. Ich erfahre: Ich kann sein, wie ich bin. Ich kann völlig darauf verzichten „aus [mir] selbst etwas zu machen". So warte ich „in der vollen Diesseitigkeit des Lebens", dass Gott sich mir offenbart und ich „übergebe" mich ihm „in der Fülle der Aufgaben, Fragen, Erfolge und Misserfolge, Erfahrungen und Ratlosigkeiten" (13:248f.). So wie mir verborgen bleibt, was und wie ein anderer Mensch eine Speise schmeckt, Schmerz oder Freude fühlt oder Gott vertraut, so ist dieses Aha-Erlebnis der Nähe Gottes nicht übertragbar. Was ich dabei empfinde, kann ich anderen nur vage umschreiben. „Gott ist größer als unser Herz und weiß alles" (1.Joh. 3[20]).

Ich stimme Schleiermacher zu, wenn er sagt:

> „Glauben, was man gemeinhin so nennt, annehmen, was ein anderer getan hat, nachdenken und nachfühlen wollen, was ein anderer gedacht und gefühlt hat, ist ein harter und unwürdiger

Dienst, und statt das Höchste in der Religion zu sein, wie man wähnt, muß er gerade abgelegt werden von jedem, der in ihr Heiligtum dringen will... Jeder Mensch, wenige Auserwählte ausgenommen, bedarf allerdings eines Mittlers, eines Anführers, der seinen Sinn für Religion aus dem ersten Schlummer wecke und ihm eine erste Richtung gebe, aber dies soll nur ein vorübergehender Zustand sein; ... Jede heilige Schrift ist nur ein Mausoleum der Religion, ein Denkmal, daß ein großer Geist da war, der nicht mehr da ist; denn wenn er noch lebte und wirkte, wie würde er so großen Wert auf den toten Buchstaben legen, der nur ein schwacher Abdruck von ihm sein kann? Nicht der hat Religion, der an eine heilige Schrift glaubt, sondern der, welcher keiner bedarf und wohl selbst eine machen könnte." (47:92f.)

Damit taucht die Frage auf:

Wie offenbart sich Gott?

Wiederholt habe ich dazu betont: *Wann, wie und wo er will!* (u.a. 5:30). Wenn wir das ernst nehmen, hat das Folgen. Ob sich Gott in Buchstaben alter Texte offenbart, bleibt ihm überlassen. Wir können nur bitten und hoffen, dass er das gelegentlich auch tut. Wir können nicht sicher sein, ob Gott sich offenbart, wenn wir predigen – oder im weitesten Sinne *verkündigen.* Gilt das nicht auch für Liturgie, Sakramentangebote und letztlich für alle Amtshandlungen und Dienste? Was *Paul Tillich* sagt, hat meines Wissens niemand mit guten Gründen widerlegt:

„Offenbarung ist nur, sofern sie uns angeht, auf uns zugeht. Und das kann sie nur in konkreter Form. ‚Offenbarung überhaupt' ist keine Offenbarung. Nur in dieser ganz konkreten Form kann ich Offenbarung erfahren. In meine Konkretheit muss sie einbrechen, will sie für mich das sein, d.h. will sie überhaupt das sein. Denn abgesehen von diesem ‚Für mich' ist sie nicht ...

Darum ist auch vollkommene Offenbarung vollkommen nur, sofern sie die Macht in sich trägt, wieder und wieder beunruhigt und durchbrochen zu werden. Wo diese Macht fehlt, bemächtigt sich der Dämon der Offenbarung, der ein Endliches, Bedingtes, und wäre es Christentum, die Bibel und Kirche, an die Stelle dessen setzt, was nie aufhört, das unbedingt Verborgene zu sein. Erhebung eines Bedingten zur Unbedingtheit ist Dämonie, und die religiöse Dämonie ist nicht besser, sondern böser als jede andere ...

Offenbarung kommt über uns, nicht aus uns. Sie ist unbedingt. Denn sie ist Erscheinen des Unbedingt-Verborgenen in unserer Bedingtheit." (54:37-39)

Wenn wir uns auf eine Amtshandlung vorbereiten, sollten wir uns über diesen Tatbestand Klarheit erarbeitet haben. Sonst handeln wir „dämonisch". Sollte das Problem uns nicht „unter die Haut" gehen? Vor über sieben Jahrzehnten (1936) mahnte *Emanuel Hirsch* – für mich – eindrucksvoll:

„Theolog und Theologie tun heute nur dann ihren Dienst, wenn sie von der Krise des christlichen Bewußtseins tief in sich verwundet und damit frei von sich selber sind, und nichts schadet unsrer Kirche mehr als Theologen und Theologien, die nur darum von Verzweiflung und Erschütterung des ganzen Menschen zu sprechen scheinen, damit sie desto unerschütterter sein können in dem Anspruch auf alleinige Gültigkeit und unbedingtes Gehör." (27:56;→ 58:10)

Umso bedrängender stellt sich die Frage:

Wie geben wir die „Freudenbotschaft von Christus" weiter?

Wenn wir das Evangelium von Christus verkündigen wollen, halte ich drei Gesichtpunkte für beachtenswert: 1. einen semiotischen Ansatz; 2. eine offenbarungsfördernde Ausdrucksweise; sowie 3. lebenspraktische Folgen.

Zu 1.: Ein semiotischer Ansatz

Versuchen Prediger, die Interpretationsbedürftigkeit eines biblischen Textes aus ihrer Sicht bestmöglichst zu überwinden, kann der Hörer aus eigenem Empfinden kaum etwas hinzufügen. Mit *Goethe* gesagt: *„Den Stoff sieht jedermann, den Gehalt findet nur* *der, der etwas dazuzutun hat".* Diese Bedingung gilt für jede zwischenmenschliche Kommunikation, demnach auch für die Predigt. Ob Prediger ihre Hörer erreichen, wenn sie ihre Botschaft nur integer (einwandfrei) vom Bibeltext aus formulieren? Wenn Geistliche „alles" zu einem Text sagen wollen, dem nichts hinzufügen ist, dann haben sie den Text „geschafft".

Ein klassisches Beispiel dazu liefert Karl Barth, „der Kirchenvater des 20. Jahrhunderts". Vor seinem theologischen Neuansatz im Römerbriefkommentar (1. Aufl. 1919) leistete sich der junge Prediger einen „redundanten Exzess" (überströmende Maßlosigkeit → 19). An sechs aufeinanderfolgenden Sonntagen (11.1. bis15.2.1914) predigte Barth über Römer 116: *„Ich schäme mich des Evangeliums nicht, denn es ist eine Kraft Gottes zum Heil Allen, die daran glauben."* In der vierten Predigt (1. Febr.) erläutert der junge Theologe, dass „dieses Bergwerk von wichtigen Gedanken nicht erschöpft" sei: „Man könnte genau so gut vierzehn oder einundzwanzig Predigten über ein solches Wort halten und hören und würde doch nicht in Gefahr kommen, es auszuschöpfen" (9). Ich fand bei Barth keinen zweiten Versuch, einen Text so exzessiv (maßlos, übertrieben) zu „bändigen".

Zu 2.: Eine offenbarungsfördernde Ausdrucksweise

Ob Gott einen Predigthörer „anrührt", kann nur der Betroffene selbst wahrnehmen. Wer predigt, sollte versuchen, offenbarungshemmende Elemente zu beseitigen. Auch hierzu ein Beispiel aus einem Vergleich mehrerer Predigten über Matthäus 53, *„Selig sind die Armen im Geiste, denn ihrer ist das Himmelreich":*

Als die „Armen im Geiste" werden bezeichnet: *„Menschen, die seelisch und körperlich, geistig oder materiell, physisch oder moralisch auf dem Nullpunkt sind"* (W. Lüthi); solche, denen *„die Schwungkraft der Seele"* gelähmt ist (H. Rendtorff); Leute, *„die sich leer, befleckt und tot"* fühlen (P. Althaus); Kategorie von *„Menschen, die mit sich selber unzufrieden und gottfern sind"* (R. Bohren); die Deutschen, *„die ihr Joch so stolz tragen, wie ein König seine Krone"* (F. Rittelmeyer).

Bei *W.v.Loewenich* tritt das Himmelreich hervor als der *„wiedergeborene Ewigkeitsglaube"* (18:788). Schon diese Skizze verdeutlicht: Jede Predigerin und jeder Bibelausleger müssen einen Bibeltext selbst deuten – wenn sie/er nicht Vorgegebenes einfach ablesen wollen. Mit anderen Worten: Die biblischen Texte mit den Zeugnissen des „Evangeliums" müssen interpretiert werden. Und wer das Ur-Dokument des Christentums redlich auslegt, kann die folgende Tatsache nicht verdrängen:

> „Angesichts der vielfältigen Evangeliumskonzeptionen können nicht nur die verschiedenen christlichen Konfessionen und Sekten, sondern auch ebenso orthodoxe wie heterogene Auffassungen, Rechtgläubige und sogenannte Ketzer die Bibel für sich in Anspruch nehmen." (57:80)

Nicht „offenbarungsfördernd" erscheinen mir gängige *Wir-Alle-Zusagen.* Damit wird eine Textaussage regelrecht *abgeschlossen,* aber nicht *erschlossen.* Bezogen auf Matthäus 53 hören wir dann: *„Wir sind alle arm"* (R. Bösinger); oder: *„Wir kommen alle als geistlich Arme"* (Bachmann).

> „Mit dieser Wir-alle-Syntax lassen sich natürlich auch andere Texte ‚schaffen'. Je nachdem, welche signifikanten Größen in einem Text erscheinen, sind wir – im Grunde – alle blind oder alle irgendwie Krüppel; bald haben wir alle irgendwie den Aussatz oder kommen alle um vor Hunger. (Fände sich das Mär-

chen vom ‚Wolf und den sieben Geißlein' zufällig in der Weisheitsliteratur, wären wir sicher alle auch schon einmal im Uhrkasten gewesen ...)." (18:790)

Der persönliche Glaube ist eine maßgebliche Grundlage des Verkündigungsauftrages. Dadurch kann es gelingen, auf einem schmalen Pfad zu balancieren: zwischen Tendenzen zum Abgleiten ins „Schwärmertum" oder in eine „katholische Heilsanstalt" (2:99ff.).

Zu 3.: Lebenspraktische Folgen

Wer wahrnimmt, dass „Gottes Kraft" ihn „angerührt" hat, wird sich folgenreich verhalten. Er wird versuchen, sein „Aha-Erlebnis" der Glaubensbegründung Schritt für Schritt zu erkennen und zu verstehen. Natürlich kann einer die Erfahrung auch zur Seite schieben und nicht wahrhaben wollen. Dann kommt zur Geltung, was Jeremia übermittelt: *„Ich habe zu euch geredet früh und spät, doch ihr habt nicht auf mich gehört"* (Kap. 35[14]). Sollte der Zuspruch im Gottesdienst nicht dementsprechend in stärker fragendem Stil erfolgen und nicht feierlich-behauptend, wie das noch überwiegend üblich ist? Sollen Predigthörer nur Zuschauer einer rituellen Inszenierung sein? Tatsächlich aber kann jedes Wort oder irgendein Erlebnis im Alltag einem Menschen zum „Wort Gottes" werden (54:75). Ganz „ohne Weihrauch und Orgelton". Mitten in unserem Alltag ist und bleibt Gott aber jenseitig. Doch theologische Begriffe fördern keine „Rede mit dem Hörer über sein Leben" *(Ernst Lange).* Dazu muss der Prediger allerdings sich selber „einbringen", persönlich Stellung nehmen zu brennenden Fragen. Damit sind keineswegs soziologische Analysen oder politische Kommentare gemeint. Aber der Verkündigungsauftrag läuft ins Leere, wenn die Fragen der Hörer erst da beginnen, wo die Predigt aufhört.

5. Einzelne Christen bilden die „wahre Kirche"

Die „wahre Kirche" kennt allein Gott

Meinen Standpunkt zur Frage nach der „wahren Kirche" skizziere ich hier in drei Schritten: 1.) die Verschiedenartigkeit der Ansprüche; 2.) den Absolutheitsanspruch; 3.) den einzig folgenreichen „Gottesbeweis".

Zu 1.): Verschiedenartigkeit der Ansprüche

Bei Google wird auf über 700 000 Einträge verwiesen. Der Anspruch der katholischen Kirche, wie schon oben auf Seite 7 erwähnt, wird unter den ersten Belegen genannt. Das steht der Anstalt mit den meisten Mitgliedern durchaus zu.

Als Einzelkämpfer wirbt der von Gott auserwählte *Ulrich Kutzer* bei „Mitchristen, die auch 120 Jahre alt werden", für die „allein wahre Kirche Jahwes" mit recht wirren Argumenten und abstrusen (abwegigen) Folgerungen – aus dem Reservoir der Zeugen Jehowas – : „Da ich auserwählt bin von Gott die wahre Kirche noch 60 Jahre bekannt zu machen ..." (34).

Ein drittes Beispiel: „Du kannst ein standhafter Anglikaner oder Presbyterianer, ein Unabhängiger oder Baptist, ein Methodist oder Mitglied einer Brüdergemeinde sein – und doch der wahren Kirche nicht angehören. Und wenn du zu ihr nicht gehörst, wäre es am Ende besser, du wärst nie geboren worden" (49:3f.).

Solche Behauptungen passen zum Bedürfnis nach sinnvoller Ordnung fürs Leben. Das Bild Jesu vom breiten „Tor zum Verderben" und der Straße, die dorthin führt, und „viele, die auf ihr unterwegs“ sind (Matthäus 7 13f.), kann das Verlangen, selbst auf „dem richtigen Weg“ zu sein, verstärken. Worin die verschiedenartigen Angebote des „wahren Weges zum Heil“ übereinstimmen, spricht der nächste Punkt an:

Zu 2.): Der Absolutheitsanspruch

Wer meint, die einzige „Wahrheit“ zu vertreten oder selbst zu den allein „Auserwählten“ zu gehören, für den ist es folgerichtig, die eigene Auffassung für „absolut gültig“ zu erklären. Ohne Diskussion, ohne auf offene Fragen einzugehen. „Meine Auffassung, mein Glaube, meine Vorstellung sind unbedingt allgemeingültig und für alle verbindlich, basta“!

Diese Haltung hat einen Mangel: Sie wird von konkurrierenden Ansprüchen angefochten. So steht Behauptung gegen Behauptung. Eine Auseinandersetzung kann nur auf dem Niveau von Rechthaberei stattfinden. Das trifft auch für „allerchristlichste Ansprüche“ zu. Wo ist ein Ausweg?

Zu 3.): Der einzig gültige „Gottesbeweis“

„Allein gültig“? Das widerspricht doch dem gerade abgelehnten Ausschließlichkeitsanspruch. Wenn es um den Empfang von Gottes Gnade geht, gilt – nach meiner Auffassung – das reformatorische *„sola gratia“ (allein aus Gnade).* Wer versteht, dass Gott „jenseits aller Kategorien“ ist (s. oben S. 9), wird *Paul Tillich* zustimmen:

> „Wenn Gott zu uns spricht, dann ist es nicht das ‚innere Wort', sondern es ist sein Geist, der uns – metaphorisch gesprochen – von außen ergreift, aber dieses ‚von außen' liegt jenseits von außen und innen, es transzendiert beide. Nur weil Gott auch im Menschen ist, kann der Mensch nach Gott fragen und kann Gottes Antwort vom Menschen vernommen werden.“ (53b:151; 4:60)

Der Urheber einer Wahrnehmung „jenseits von außen und innen“ ist aus der Erfahrung nicht feststellbar. Nur jeder Einzelne kann Gottes Botschaft „in seinem Herzen“, im Bewusstsein oder Empfinden durch Bibelworte oder in Alltagserlebnissen wahrnehmen. Diese ganz persönliche Wahrnehmung kann keiner festhalten oder konservieren (→ oben S. 34). Er bleibt darauf angewiesen, dass Gott ihn erneut „von jenseits von außen und innen“ anspricht. Ein Sinnreim aus dem Cherubinischen Wandersmann bringt es „auf den Punkt“:

„GOTT ERGREIFT MAN NICHT. Gott ist ein lauter Nichts, ihn rührt kein Nun noch Hier. Je mehr du nach ihm greift, je mehr entwird er dir.“ (46:I,37)

Zusammenfassend: Gott, den ein Mensch ergreifen kann, ist ein Götze. Der lebendige Gott ergreift einen Menschen, wann, wo und wie er will. Wenn das stimmt, dann weiß nur Gott, wer zur „wahren Kirche“ gehört. Kirchen und religiöse Gemeinschaften sind nur Raststätten am Wege zum Heil.

Auf der Suche nach der eigenen Wahrheit bleiben

Wer begreift, dass es keine „ewigen Wahrheiten“ gibt, wird sich um Klärung bemühen, statt zu resignieren. Ist die Chance nicht köstlich, bei seiner Suche eigenständig unterwegs zu sein? Mir ist dabei eine „biblische Leuchtspur“ hilfreich:

a) „Christus hat uns befreit; er will, dass wir jetzt auch frei ***bleiben...*** *“ (Galaterbrief 52); b) „Eure Rettung ist wirklich reine Gnade, und ihr empfangt sie allein durch den Glauben. Ihr selbst habt nichts dazu getan, sie ist Gottes Geschenk“ (Epheserbrief 28);* und schließlich *c) „Gott ist Liebe. Wer in der Liebe lebt, lebt in Gott und Gott lebt in ihm“ (1. Johannesbrief 416).*

Markierungen auf meinem eigenen Weg bei der Suche sind auf dem Hintergrund dieser Darstellung deutlich geworden. Hier hebe ich zusammenfassend drei Punkte hervor: *1.) Erlösungsvorstellung; 2.) Trinitätslehre; 3.) Kirchenmitgliedschaft.*

Zu 1.): Erlösungsvorstellung

Das Blut von Jesus „wurde vergossen – nicht für die Sünden der Menschen, sondern für die Erlösung Israels", so deutet Israel Knohl, Bibelforscher an der Hebrew University in Jerusalem, das letzte Abendmahl Jesu aufgrund eines Textes auf einem uralten Kalkstein aus dem ersten Jahrhundert vor Christus (51:v. 07.07.2008). Kann diese Steinplatte das Christentum erschüttern? Oben auf S. 26f. wurden Einwände zum „Initialereignis des Christentums" schon benannt. Wer seinen Glauben auf Lehrsätze gründet, mag in Panik geraten und ängstlich auf ein Wort seiner Kirche warten.

Aber: „Ein freies christliches Denken kann mit dieser ‚konstruktiven Sicht' (nämlich Deutungen des Kreuzestodes Jesu im Neuen Testament) schon deshalb wenig anfangen, weil das damit verbundene Gottesverständnis mit dem Grundsatz ‚Gott ist die Liebe' nicht zusammenpasst" (42:86).

Der kurze Beitrag, dem ich dieses Zitat entnommen habe, hat mir erneut bestätigt, wie köstlich eine eigenständig erarbeitete Ansicht zur christlichen Lehre von der Erlösung des Menschen ist. Ich kann unbekümmert um neue archäologische Befunde aus dem ersten Jahrhundert die Zeitung aufschlagen – und in meinem Morgengebet Gott für seine Treue danken und um Gnade für den Tag bitten.

Zu 2.): Trinitätslehre.

Die Trinität ist eine „Anweisung, von Gott zu reden" *(Wilfried Härle),* und kann zum „Ausgangspunkt des ganzen theologischen Systems erhoben werden" *(Walter Künneth).* Andere sind der Auffassung, die

Trinitätslehre gehöre ans Ende der Dogmatik. Acht Auskünfte zur Trinität sind in *zeitzeichen 5/2008* zusammengestellt. Ich stimme der Ansicht zu, dass zu jeder Zeit „um der Wahrhaftigkeit des Bekenntnisses willen neu um dessen Inhalt und um dessen Formulierungen gerungen werden“ muss (60:26f.).

Ich selbst habe mir ein Deutungsmodell entworfen, wonach die Erfahrung der Güte des „Vaters“ und des „Sohnes“ und des „Heiligen Geistes“ gleichursprünglich mir Gottes Universalität, Personalität und Vitalität bewusst machen (3:47). Angeknüpft hatte ich bei *Andreas Rösslers* Erläuterung:

> „Der Heilige Geist ist Gott selbst, der die Menschen nicht nur schafft und trägt und ihnen begegnet, sondern sie zugleich ‚begeistert', sie seiner Nähe gewiss macht und sie mit Kraft und Mut erfüllt.“ (41:84)

Zu 3.): Kirchenmitgliedschaft

Mehrfach habe ich erlebt, dass Schülerinnen und Schüler die evangelische Kirche verlassen haben. Sie waren ernsthaft auf der Suche nach neuen Wegen. Als Motive für den Konfessionswechsel wurden mir die *bergende Gemeinschaft* und die *radikale Lehre* deutlich. Was ich oben auf Seite 13 angesprochen habe, ist unverändert aktuell. Besonders junge Menschen schätzen bei Lebensregeln einfache und einseitige Aussagen. Das *Sowohl-als-auch* ist ein unbequemer Ansatz. Radikale Vorstellungen erscheinen zielgerichteter.

Allerdings: Konfessionswechsel erfordert eine persönliche Entscheidung: „Ich will fortan!“ Doch die Erfahrung der Nähe Gottes ist völlig unabhängig von meiner Zugehörigkeit zu einer bestimmten Kirche – wie oben im Abschnitt 2. (S. 20-25) erläutert. Wenn ich gefragt werde, rate ich: Bleibt in der euch vertrauten Kirche. Dass außerhalb einer Kirche kein

Heil sei, *salus extra ecclesiam non est,* ist ein Trugschluss des Kirchenvaters *Cyprianus (258 enthaupt.).*

Eine ganz persönliche Bemerkung: Ich wurde von der lutherischen Tradition im Baltikum mitgeprägt. Den Wechsel zur PECH-Kirche (*p*rotestantisch-*e*vangelisch-*ch*ristlich) während des Studiums in Bonn empfand ich wohltuend–befreiend. Aus Sicht von Lutheranern in Schaumburg-Lippe verschlug es mich „in die Glaubensferne". Den Amtseid habe ich geleistet und fühle mich dementsprechend den geschriebenen Ordnungen verpflichtet. Das hindert mich allerdings nicht, schon seit Jahren dem Bund für Freies Christentum anzugehören und den dort wehenden Geist der Offenheit zu schätzen.

Ein offenes Christentum lässt hoffen

Wie spüre ich diesen Geist der Offenheit? Ich empfehle das Lesebuch *Offenes Christentum* (32). Übersichtlich und allgemeinverständlich wird ein Querschnitt freichristlichen Denkens der vorausgehenden fünf Jahrzehnte deutlich. Kernaussagen erfasst auch ein anregender Beitrag von Werner Zager (59).

Am 23. September 1948 wurde in Frankfurt am Main der „(Deutsche) Bund für Freies Christentum" gegründet. Die Zielsetzung erfasst der Leitsatz:

> *„Der Bund für Freies Christentum versteht sich als ‚Forum für offenen religiösen Dialog'. Er ist ein Zusammenschluss überwiegend protestantischer Christen, die sich für eine persönlich verantwortete, undogmatische, weltoffene Form des christlichen Glaubens einsetzen und dabei ein breites Spektrum von Auffassungen zu integrieren suchen."*

Aus dem Kreis dieser Christen erhoffe ich überfällige

Impulse für „Metamorphosen des modernen Protestantismus".

Eindrucksvoll hat der Appell aus Baden (24) die christliche Weltverantwortung bewusst gemacht. Mit Recht wird an die Glaubwürdigkeit jeder Religion gefordert als

> „ ...ein notwendiger und unverzichtbarer **Beitrag der Weltreligionen zur Überwindung der derzeitigen globalen Krise. Wichtigste Voraussetzungen sind der Wille und die Bereitschaft aller, das jeweils eigene, in Jahrhunderten gewachsene Selbstverständnis kritisch zu hinterfragen und zu korrigieren."** (24:3)

Leider verhallen Appelle, wenn sie nicht von mutigen Einzelnen folgenreich umgesetzt werden. Hartnäckig halten sich „gewachsene Selbstverständnisse" auch in allen christlichen Denominationen (Gemeinschaften): Lutheranern, Calvinisten, Anglikaner, Baptisten, Methodisten usw. Von der Vollversammlung des Ökumenischen Rates im Februar 1991 ging ein „pneumatologisches Signal" aus. *„Gottes Geist ist es doch, der den Glauben schafft und überhaupt erst ermöglicht, dass etwas und was von Gott zu sagen ist" (14:509).* Richtig. Aber leider ist bis heute die *„reine Lehre die Kontrollinstanz des Geistes"* geblieben. *„Es besteht der Eindruck, der Heilige Geist (wird) lediglich zur Druckverstärkung bei der Durchsetzung der eigenen Interessen benutzt" (14:516).*

Im Abschlussdossier eines Wiener Symposiums zur „Zukunft der Religion – Rolle der Kirchen" aus dem Jahre 2001 wird lapidar das „Wagnis (von) ‚Welten-Theologien'" gefordert. Wahrheit des Glaubens sei *„aus den verschiedenen Welterfahrungen der Menschen neu zu gewinnen".* Ohne diesen kühnen Versuch *„verliert das konkrete pastorale Han-*

deln jeden Boden unter den Füßen" (21:203). Sind wir inzwischen vorangekommen?

Kürzlich lieferte *Martin Sieg* einen Beitrag zum Diskurs über „theologische Neuformulierungen" (50). Die Diskussion müsse auch „zentrale Lehren der christlichen Wahrheit" kritisch prüfen. Richtig, das ist unerlässlich.

Aber: An den Schaltstellen der Kirchenämter gibt es kaum spürbare Impulse für ein folgenreiches Gespräch. Kompromisse werden geschmiedet. Doch grundlegende Fragen – wie oben mehrfach angesprochen – bleiben ungeklärt.

Zentral ist die Frage nach Gott: Wer ist *für mich* der „Vater im Himmel", den Jesus verkündet hat? Und der „Missionsbefehl" (Matthäus 28 16-20)? Er kann nicht vom historischen Jesus stammen, weil er das „Pfingstgeschehen" voraussetzt.

Wie lässt sich „in, mit und unter" den Worten der biblischen Autoren das „Wort Gottes" wahrnehmen? Ist nicht gültig, was oben mehrfach festgestellt wurde? (u.a. S. 18; 32; 36f.) Kritische Theologen haben das seit mehreren Jahrhunderten versucht. Strömungen einer sogenannten liberalen Theologie haben probiert, die starre kirchliche Lehre aufzulockern und wahrhaftiger zu verkündigen. Bis heute vergeblich. Die „Wort-Gottes-Theologen" dominieren an den Schaltstellen kirchlicher Organisation.

Zugegeben: „Liberale" Theologen taten und tun sich schwer, Erkenntnisse theologischer Forschung für Leute von heute verständlich umzusetzen. Wunder? Visionen? Verbindlichkeit? Vielfach blieb nur haften: „Man muss alles nicht wörtlich, nicht so genau nehmen!" Kein Wunder, dass dadurch eine „religiöse Verflachung" erfolgte (32:147f.).

Wie lässt sich eine oberflächliche Deutung biblischer Zeugnisse vermeiden? Dazu einige resümierende Überlegungen im folgenden Schlussabschnitt.

Was ist für Christen fundamental?

Mir sind als Christ drei Dinge elementar: beten, reagieren, handeln.

Ergeben beten. Wenn ich jeden Tag als Geschenk empfange, steht das Gebet am Anfang. Mir wird bewusst, dass ich mein Leben nicht mir selbst verdanke. Ich stimme Jesus zu: „Euer Vater im Himmel weiß, dass ihr all das braucht" (Matthäus 632b). Und es gilt: „Quält euch also nicht mit Gedanken an morgen; der morgige Tag wird für sich selber sorgen ..." (Mt. 634). Was ist mit Haftpflicht-, Kranken- oder Pflegeversicherung? Auch angesichts aller Fragen, allem Gelingen und Misslingen, allen Ungewissheiten und Ängsten still werden und bitten: Herr, bleibe bei mir ... Mitten in der Alltagswelt um Kraft zum Vertrauen bitten, dass Gnade mich spürbar umhüllt. Starre Gebetszeiten – wie im Islam – würden mich daran hindern, von früh bis spät latent (unterschwellig) „mit Gott zu reden".

Demütig verzichte ich darauf, einen anderen aus mir machen zu wollen, „sei es einen Heiligen oder einen bekehrten Sünder ... einen Gerechten oder Ungerechten" (13:249). Ich danke, dass ich so sein darf, wie ich bin (→ oben S. 43). Feste Zeiten für die Besinnung sind hilfreich. Wie rasch hat uns der Terminkalender im Griff. An manchen Tagen ruft ein Losungswort direkt: „Harre des Herrn! Sei getrost und unverzagt und harre des Herrn" (Ps. 2714/am 29.08.08). Manches Losungswort ist dunkel: „Der Israel zerstreut hat, der wird's auch wieder sammeln ..." (Jer. 3110/ am 25.07.08). Ob die folgende Generation eine Lösung des Nahostkonflikts erlebt?

Zwei Beispiele aus der Gebetspraxis:

a) Ein Familienvater spricht regelmäßig das Tischgebet: „Komm, Herr Jesus, sei unser Gast ...“. Wenig später wird heftig debattiert und gestritten: über Freizeitplanung, Schulnoten, Ausgehzeiten o.ä. Daneben wird nur pflichtgemäß der Sonntagsgottesdienst besucht. Ansonsten wird kein Unterschied zu einer „Durchschnittsfamilie“ erfahrbar. Was hält wohl ein Konfirmand aus dieser Familie später vom Kirchgang? (3:31f.)

b) Die selig gesprochene Mutter Teresa zweifelte fast 50 Jahre lang an Gott. An Pfarrer Michael Von der Peet schreibt sie 1979: „Jesus liebt dich auf besondere Art. Aber für mich sind die Stille und die Leere so überwältigend, dass ich sehe, aber nichts erkennen kann, dass ich höre, aber nichts vernehme, die Zunge bewegt sich im Gebet, aber spricht nicht“. Innerlich zerrissen ist oft jeder suchend Glaubende. Ein Psalmist bestätigt: „Mein Gott, des Tages rufe ich, doch antwortest du nicht, und des Nachts, doch finde ich keine Ruhe“ (Ps. 223). Und muss nicht jeder bekennen: „Ich vertraue ihm (Gott) ja – und kann es doch nicht! Hilf mir vertrauen!“ (Markus 9,24)? Ein Gebet kann Vertrauen wecken Was folgt daraus?

Reagierbereit Gnade wahrnehmen. Still und offen bleibe ich auf der Suche, um mit allen Sinnen wahrzunehmen, dass Gott mich „mit seiner Kraft anrührt“ (3:18f.). An dunklen Tagen spüre ich nichts. Aber unvermutet „stolpere“ ich und erkenne: Hier wurde ich geführt. In ganz verschiedenen Lebenslagen. Ein Kinderlied *(tolle lege)* führt Augustinus zu Römerbrief 1313f. und so zu seiner Lebensaufgabe (3:14ff.). Bei meiner Suche nach neuen Wegen benutze ich meinen „Kompass zur religiösen Orientierung“: Das

„Empfinden für das Stimmende“ (3:29ff.). Kein Lehrsatz, keine Meditation, weder Mystik noch „Willensentscheidungen“ können dieses Empfinden wecken. Dass ich „Gnade spüre“, kann kein Mensch vermitteln, organisieren oder kontrollieren. „Begeistert durch Gnade“ bin ich in der „wahren Kirche“. Nachrangig ist, welcher christlichen Konfession ich von Geburt, Gewohnheit oder Gefühl aus angehöre.

Glaubensinhalte erschließen sich für den Christen von der Botschaft Jesu her. Nicht seine Vorstellungen vom Endgericht oder den Dämonen sind dabei maßgeblich, wohl aber die gute Nachricht von Gott, dem liebenden Vater, und die Frage nach der „Gottesherrschaft“ Warum sollte ein Konfirmand seinen eigenen Glaubensweg nicht zunächst bei 1. Johannesbrief 416 ansetzen: „Gott ist die Liebe ...“? Die anderen Inhalte kommen dann später dran. Wäre das „religiöse Verflachung“? Oder nicht im Gegenteil „religiöse Vertiefung“ des „Evangeliums heute“?

Kein Theologe und keine Theologie können mehr aussagen als „Unser Herr lebt!“

Glaubwürdig handeln Mein Glaube lebt nur, wenn er auf meine Alltagswelt reagiert (3:32). Unser Leben ist unsere Botschaft, jedoch nicht, was wir zu sein ***behaupten!*** Nach Mt. 716f. sind wir an unseren Taten zu erkennen. Aber niemals eindeutig. Wer uns beobachtet, sieht nur, was vor Augen ist. Vor Gott ist unser Intimbereich gleichfalls offenbar: Verschaffen wir uns Vorteile auf Kosten anderer, auch wenn niemand uns dabei sieht? Darum gilt:

Die „wahre“ Kirche kennt Gott allein.

6. Quellen – Literatur und Anmerkungen

1 *Albrecht, Renate:* Die protestantische Auffassung vom Sakrament der Taufe. In: → Lesebuch, unten Nr. 32

2 *Ballod, Georg/Ballod, Matthias:* Predigthilfen aus dem Rechner? Computerunterstützte Predigtanalysen, Marnheim 2000

3 *Ballod, Georg:* Der lebendige Gott. Wie begegnet er mir? Beiträge zu Zeitfragen H. 2, Marnheim 2003

4 *Ballod, Georg:* Hat die Kirche Zukunft? Ein Gespräch. Beiträge zu Zeitfragen H. 3, Marnheim 2004

5 *Ballod, Georg:* Die Chance des Christentums. Ein Disput zu kirchlichen Perspektiven. Beiträge zu Zeitfragen H. 5, Marnheim 2006

6 *Ballod, Georg:* Ist Allah oder Gott an allem schuld? Impulse für eine „Kirche der Freiheit" im 21 Jahrhundert. Beiträge zu Zeitfragen H. 6, Marnheim 2007

7 *Ballod, Matthias:* Informationsökonomie – Informationsdidaktik. Strategien zur gesellschaftlichen, organiationalen und individuellen Informationsbewältigung und Wissensvermittlg Bielefeld 2007

8 *Barth, Karl:* a) Kirchliche Dogmatik I/1, 7. Aufl. Zollikon-Zürich, 1955; b) KD I/2 (1934)

9 *Barth, Karl:* Gesamtausgabe, Abt. I Predigten „1914", hg. v. *Ursula Fähler,* Zürich 1974

10 *Bastian, Hans-Dieter:* Vom Wort zu den Wörtern. In: Evangelische Theologie Jan./1968, S. 25-55

11 *Bastian, Hans-Dieter:* Theologie der Frage. Ideen zur Grundlegung einer theologischen Didaktik und zur Kommunikation der Kirche in der Gegenwart, München 1969. Für mich sind Bastians Überlegungen heute noch anregend. Als das Buch vor rund vier Jahrzehnten erschien, wurde es von vielen Kollegen herablassend als „eine der Genetiv-Theologien" beurteilt. Zu unrecht, meine ich.

12 *Berger, Klaus:* Art. Kirche II / II. NT. In: TRE Bd. 18, S. 201-218

13 *Bonhoeffer, Dietrich:* Widerstand und Ergebung. Briefe und Aufzeichnungen aus der Haft, hrsg. v. *Eberhard Bethge,* München 1955

14 *Brandt, Hermann:* Ende der Geistvergessenheit. Das Thema der Vollversammlung des Ökumenischen Rates der Kirchen als pneumatologisches Signal – mit einem Rückblick auf „Canberra". In: Zeitschrift für Theologie und Kirche, 1991, S. 496-525

15 *Calvin, Johannes:* Unterricht in der christlichen Religion. Institutio Christianae Religionis, Nach der letzten Ausgabe übersetzt und bearbeitet von *Otto Weber,* Neukirchen/Moers 1955

16 *Drehsen, Volker:* Rehabilitierung der Religion? Zur Neuinterpretation religiöser Bedürftigkeiten in der Gegenwart. In: *Volker Drehsen:* Wie religionsfähig ist die Volkskirche? 1995

17 *Dux, Günter:* Die Logik der Weltbilder, Frankfurt a.M. 1982

18 *Engemann, Wilfried:* Wider den redundanten Exzeß. Semiotisches Plädoyer für eine ergänzungsbedürftige Predigt. In: Theologische Literaturzeitung, 11/1990

19 *Engemann, Wilfried:* Semiotische Homiletik. Prämissen – Analy-

sen – Konsequenzen, Tübingen/Basel 1993
20 *epd:* v.07.06.2006/Vatikanstadt: Papst fordert Akzeptanz des Papstprimats.
21 *Fischer Falk:* Die Zukunft der Religion. In: *D. Clas/Gabor Paál (Hg.):* Gottes Bilder: Warum wir glauben, Filderstadt 2006, S. 190-204
22 *Fromm, Erich:* Haben oder Sein. Die seelischen Grundlagen einer neuen Gesellschaft, 6. Aufl. München 1980 (dtv)
23 *Giordano Ralph:* Gott – Leeradresse des Universums? In: *Tobias Daniel Wabbel:* Das Heiligen Nichts – Gott nach dem Holocaust, Düsseldorf 2007, S. 14-30
24 *Girock, Hans-Joachim, Liedke, Gerhard, Gerner-Wolfhard, Gottfried:* Was jetzt dringlich ist. Zur christlichen Weltverantwortung am Anfang des 21. Jahrhunderts, www.ekiba.de (Glaube aktuell v. 27.06.2006)
25 *Hartge, Christof:* Gottesdienst mit Wenigen. Praktische Gedanken zu einem regulären Phänomen. In: Deutsches Pfarrerblatt 12/2005, S. 619-622
26 *Herms, Eilert:* Ökumenischer Konsens? In: Evangelische Kommentare 2/1986, S. 101-103
27 *Hirsch, Emanuel:* Die Lage der Theologie. In: Der Weg der Theologie, Stuttgart 1937, S. 21-59
28 *Hirzel, Willy:* Was ist freies Christentum? In: → Nr. 24, S. 60-64.
29 *Honecker, Martin:* Einführung in die theologische Ethik. Grundlagen und Grundbegriffe. Berlin/New York 1990
30 *Hornig, Gottfried:* Art. Lessing. In: TRE Bd. 21 (1991) S. 20-33)
31 *Hujer, Marc:* Scheidung auf afrikanisch. In: DER SPIEGEL 43/2007, S. 174f.
32 *Jenssen, Hans-Hinrich (Hg.):* Offenes Christentum. Ein Lesebuch, Aachen 1998
33 *Kirche Jesu Christi der Heiligen der letzten Tage (Hg.):* Joseph Smith erzählt seine Erlebnisse, Frankfurt/Main/Berlin o.J.
34 *Kutzer, Ulrich:* Wahre Kirche, www.die-wahre-kirche-jahwes.de
35 *Liermann, Hans:* Abgaben, Kirchliche. In: TRE Bd. 1, (1977), S. 329-347
36 *Martin, Gerhard, Marcel:* Glaubenserfahrung – Lebenserfahrung. In: Ev. Theol. Jg. (1990) H.2, S. 103-116. Bezug zum Leib-Christi-Gedanken
37 *Meredith, Rodeerick C.:* www.weltvonmorgen.org, S.1-33
38 *Mezger, Manfred:* Verkündigung heute. Elf Versuche in verständlicher Theologie, Hamburg 1966
39 *Nöth Winfried:* Handbuch der Semiotik. 2. vollständig neu bearbeitete und erw. Aufl., Stuttgart 2000
40 *Rickens, Christian:* Sehnsucht nach Sinn. In: Manager-Magazin H.7/2007, S. 92
41 *Rössler, Andreas:* Steht Gottes Himmel allen offen? Stuttgart 1990
42 *Rössler, Andreas:* Christus: Rechtsgrund oder tiefster Ausdruck der Erlösung? In: Freies Christentum. Auf der Suche nach neuen Wegen, H. 4 Juli/August 2008, S. 85-87

43 *de Rosa, Peter:* Der Jesus-Mythos. Über die Krise des christlichen Glaubens, München 1991
44 *Ryle, J.C.:* www.lebensquellen.de. LebensQuellen. Calvinismus und historischer Protestantismus heute
45 *Sauter, Gerhard:* In der Freiheit des Geistes. Theologische Studien, Göttingen 1988
46 *Scheffler, Johannes (nach seiner Konversion zum Katholizismus am 12. Juni 1652: Johannes Angelus Silesius):* Cherubinischer Wandersmann oder Geist-Reiche Sinn- und Schlußreime, 2. Aufl. Zürich 1989
47 *Schleiermacher, Friedrich:* Über die Religion. Reden an die Gebildeten unter ihren Verächtern (in der Ausgabe von *Rudolf Otto,* 7. durchges. Aufl., Göttingen 1991
48 *Schweitzer, Albert:* Die Mystik des Apostels Paulus, Neudruck der 1. Aufl. v. 1930, Tübingen 1981 (Uni-Taschenbücher 1091)
49 *seven stars:* www.seven--stars.de/de/artikel/jr_1g.htm
50 *Sieg, Martin.* Gottes Spuren in unserer Welt. Kritischer Glaube zwischen Tradition und Restaurierung, Münster/Berlin 2006
51 *Spiegel online:* www.spiegel.de/wissenschaft/mensch/ 0,1518, druck-564354,00.html
52 *Stammler, Eberhard:* Kirche ohne Volk. Christen am Ende des Jahrtausends, Zürich 1992
53 *Tillich, Paul:* Systematische Theologie *a)* Band II, Stuttgart 1958; *b)* Band III, Stuttgart 1966
54 *Tillich, Paul:* Die Idee der Offenbarung, In: Gesammelte Werke Bd. VIII, Stuttgart 1970, S. 31-39
55 *Tillich, Paul:* Wort Gottes. In: Gesammelte Werke Bd. VIII, Stuttgart 1970. S. 70-81. Dieser Beitrag ist eine Übersetzung aus dem Englischen: The Word of God, im Aufsatzband *Science of Culture Series,* Bd. 8 New York 1957. Mir war Tillichs Aufsatz sehr hilfreich zu klären, wie „Wort Gottes" verständlich und treffend interpretiert werden kann.
56 *Tugendhat, Ernst:* Egozentrizität und Mystik. Eine anthropologische Studie, München 2003
57 *Wagner, Falk:* Zur gegenwärtigen Lage des Protestantismus, Gütersloh 1995
58 *Wagner, Falk:* Metamorphosen des modernen Protestantismus, Tübingen 1999. Dieses Buch wurde erst posthum publiziert. Die grundlegenden Fragen, die Wagner aufgegriffen hat, wurden bisher kaum diskutiert. Wer Klarheit schätzt, wird den unbequemen und folgenreichen Gedankengängen Wagners nicht ausweichen, sondern sie mit Gewinn reflektieren.
59 *Zager, Werner:* Was ist unverzichtbar am Christentum? Forum Freies Christentum Heft 43, Stuttgart 2000
60 *Zager, Werner:* Zeitgebundener Ausdruck. In: **zeit**zeichen, 5/2008, S. 26f.
61 *Zollitsch, Robert:* „Es wäre eine Revolution", SPIEGEL-Gespräch, in 8/2008, S.56)

Schlusswort

Ich wollte den „roten Faden“ aus den bisherigen theologischen Essays zu Zeitfragen (H.2,3,5,6) kräftig nachzeichnen:

Gott offenbart sich nur jedem Einzelnen, wo, wann und wie er will. Dem gebildeten Theologen wie dem Analphabeten gleichermaßen. Alle leben allein aus Gnade. Dadurch, dass sie von „Gottes Geist“ ergriffen werden und das vertrauend annehmen (→ Graphik S. 37). Sie sind, es, die „sich vom Geist Gottes führen lassen“ (Rm. 814) und unerkannt die „wahre Kirche“ stiften, die nicht identisch ist mit einer erkennbar organisierten Kirche.

Ich danke meiner lieben Ehefrau Ursula und unserer Tochter Dorothee, dass sie wieder kritisch und anteilnehmend mit mir über unseren Glauben nachgedacht und dass sie mir beim Korrekturlesen geholfen haben.

Notiz über den Autor

Georg Ballod, Dr. theol., Dr. phil., geb. 1931 in Riga, Umsiedlung (1941) und Flucht aus Schroda/Polen (1945), Abitur in Stadthagen (1951), Studium der Evangel. Theologie und Philosophie in Göttingen und in Bonn; Nach dem Ersten Theol. Examen (1957) Vikar im Selbstständ. Vikariat in Hambach an der Weinstraße (1958). Zweites Theol. Examen 1960. Als ordinierter Pfarrer der Evangelischen Kirche der Pfalz an der Berufsschule in Kaiserslautern (1958/1964), Religionslehrer am Herzog-Wolfgang-Gymnasium in Zweibrücken (1964/69), Fachleiter für Evangelische Religion am Staatl. Studienseminar in Kaiserslautern; nebenher Ergänzungsstudium der Soziologie und Politikwissenschaft in Saarbrücken (1969/1975). Bis zum Ruhestand als Oberstudiendirektor Leiter des Ganztagsgymnasiums Weierhof am Donnersberg mit Internaten für Schülerinnen und Schüler (1975/1995).

*

Im Ruhestand versuche ich, meinen Berg-Verlag aus- und meine eigene Stiftung aufzubauen. Die Erlöse dieses Verlages, Vortragshonorare oder Entschädigungen für Vertretungen dienen ausschließlich zur Aufstockung des Stiftungskapitals der öffentlichen, rechtsfähigen, mildtätigen

„Stiftung für Werke der Barmherzigkeit".

Die Stiftungssatzung bestimmt:

„Zweck der Stiftung ist es, benachteiligte und behinderte Kinder und Jugendliche in ihrer Entfaltung zu fördern, Menschen in besonderen Notlagen durch Zuwendungen und/oder durch Initiierung geeigneter Maßnahmen zur Linderung der Not zu unterstützen, gemäß der Aussage von Jesus von Nazareth: ‚Was ihr getan habt einem unter diesen meinen geringsten Brüdern, das habt ihr mir getan.'" (Matthäusevangelium Kapitel 25, Vers 40)

Bisher konnten seit 2003 unter anderem finanziert und gefördert werden: Über einhundert Operationen zur Beseitigung des Grauen Stars (Hospital in Kitwe/Sambia). Beschaffung einer Bettenwaage für das Alten- und Altenpflegeheim *Haus Jacobus* (Osthofen). Die Heimleiterin bestätigt: „Es ist eine große Hilfe im alltäglichen Umgang. Uns wäre es über lange Zeit nicht möglich gewesen, eine solche Anschaffung zu machen."

Oft ist es zweckmäßig, spontan und sporadisch zu helfen, etwa bei Aufbauhilfen nach Katastrophen in Übersee. Und in der Nähe: Betreuung von besonders benachteiligten Kindern in Heim und Internat oder Finanzierungshilfen bei der Einrichtung der „Kirchheimbolandener Tafel".

*

Alle „Beiträge zu Zeitfragen" sind im Internet aufgelistet unter:

www.berg-verlag-ballod.eu

oder: www.ballod.de

Heft 5 Georg Ballod: **Die Chance des Christentums** Ein Disput zu kirchlichen Perspektiven

Zwei Jahrtausende nach Jesus gibt es knapp zwei Milliarden Christen. Aber in unserem „christlichen Abendland" schrumpft ihre Zahl stetig, und sie verlieren Einfluss. Noch ist jeder dritte Mensch Christ. Aber schon jeder fünfte ist Muslim. Jeder siebte Hindu ... Wann wird der Islam das Christentum völlig an die Wand gedrückt haben? Oder ist es halb so schlimm, weil die Religion zurückkehrt? Wandelt sich die Spaßgesellschaft zur Sinnsuchergesellschaft?

ISBN 978-3-9804248-9-9 * © 2006 80 S. * 8,00 €

Heft 6 Georg Ballod: **Ist Allah oder Gott an allem schuld?** Impulse für eine „Kirche der Freiheit" im 21. Jahrhundert

Islam und Christentum wollen den Menschen das Heil vermitteln. Unter welchen Voraussetzungen kann das gelingen? Sollten Christen in der „Kirche der Freiheit" nicht vor allem zu einer „menschlichen Atmosphäre" beitragen? Ob daraus Hoffnung aus Glauben erwacht und gedeiht, ist allein Gottes Werk.

ISBN 978-3-9811112-0-0 © 2007 78 S. * 9,00€